花的情书

Love Letters of Flower

在野 / 著

中国林业出版社

花的情书

Love Letters of Flower

图书在版编目（CIP）数据

花的情书 / 在野著. -- 北京：中国林业出版社，2018.6

ISBN 978-7-5038-9663-7

Ⅰ.①花… Ⅱ.①在… Ⅲ.①花卉—商店—商业经营 Ⅳ.①F717.5

中国版本图书馆CIP数据核字(2018)第146449号

责任编辑	印 芳 袁 理
出版发行	中国林业出版社 (北京西城区德内大街刘海胡同7号)
电 话	010-83143565
经 销	中国林业出版社
印 刷	固安县京平诚乾印刷有限公司
版 次	2018年7月第1版
印 次	2018年7月第1次印刷
开 本	880mm×1230mm
印 张	5.5
字 数	220千字
定 价	48.00元

每个人心里，都有一片撒欢儿的田野

每个人心里，都有一片田野，百花盛开，无拘无束，晒着阳光奔跑、微笑。转眼，大学毕业十几年，媒体从业多年，继而转战公关行业。其实，相比很多行业，媒体与公关相对随性，然而我却始终觉得没有达到最惬意的状态。爷爷擅长打猎，从小跟着他一起生活，我的童年基本不是在山野里，就是在通往山野的路上。除了上过一个月的幼儿园，一晃到了10岁才去上学，所以我的童年也显得格外长。想着以前的时光，好多画面都是一个女孩在山野跑，抱着一束束色彩斑斓的野花，大笑。或许是那时候起，那种简单的高兴，就伴着一束束花刻在了基因里。尤其对野花偏爱的审美，一直延续到我如今的生活。我始终相信，野外的生命，经过了时节和风雨洗礼，独有不可解的韵味。它们，能让整片山野亮起来，能让生命跟着充满灵性。直到在一份工作中，遇到他——花嵘先生，一个和我一样，对花草津津有味的人。是的，想了很久，用了"津津有味"，这个词，因为觉得再贴切不过。我们对花草的理解，对花艺设计的渴望，不约而同。

就这样，我们一拍即合，共同创办"在野 Flower"，希望耕耘于生活的人们，纵使不能日日沐浴于田野上，也能得到植物磁场的补给、感受自然的气息。

这本书里分享了很多因情而需的花束、因花而予的真实故事，总有一个故事是你的影子。

目录
contents

花的情书

008	美·在时光流逝中绽放
013	爱，在用心良苦处
018	不念从前，我们无法从头来过
022	没有什么可以取代，你的快乐和那段青春
027	没有在最好的年纪遇见你，怎么办？
032	每个人心中，妈妈都是女神
038	你能接受最不堪的我，才能拥有最好的我
042	起初是因为爱你，想给你更好的东西
047	秋天来了，该好好生活了
051	我们回不到过去，再见却如初见
056	为了你，我情愿无条件站队
062	秋雨瑟瑟花去时，给你一个春天
068	你给予生活仪式感，它回你以美感
074	我们最大的野心，就是快乐地生活
078	我这样热爱的并不是夏天，而是可以做的那些事
084	吵架，不也是爱情的一种表达方式吗
089	余生太长，我只想和温情的人在一起
096	那些活得很爽的女人，是怎么做到的？

102	如果你明白了这一点，那就让自己尽量快乐吧
108	别告诉我，你不再相信爱情
113	你是不是和我一样，身边有一群满满少女感的 80 后朋友
119	能够这样生活，应该很满意了吧
124	如果有人跟你说，春天来了真好，那就是喜欢你了
130	喜欢一个人的时候，看着他，眼里是会有光的
135	你需要多大的勇气，才能爱上一个人

实用案例 日常插花

141	360° 瓶插花
142	散射状插花
145	半螺旋插花
146	花盒插花
148	日常瓶插

如何开一家『网红』花店

154	壹　缘起：为什么要开一家花艺设计店？
156	贰　初现：一家花店以什么样的形式出现更好？
161	叁　模式：采购／物流／配送　如何实现
164	肆　理念：创造好作品更重要还是赚钱重要？
169	伍　实操：做什么样的产品？
172	陆　甄选：做作品时如何挑选花材？
174	柒　转型：业务拓展

每一束漂亮的花后面藏着的是心情,这里记录了买花人的真实故事,在野整理成《花的情书》,一段故事就是一段感情,或许你也能从中找到自己的身影。

花的情书
Love Story

在野 FLOWER

美·在时光流逝中绽放

花的情书

　　是深夜，接到一位男士的电话，他要定两束花，分别在下两个周一送到女友的办公室。问及，想要用花来表达怎样的心意？男士告诉我，女孩是北京某国际学校的英文老师，两个人是中学同学，可谓青梅竹马。他一直记得上高中时，正值青春的他们，在一个下午从平安里骑车去香山，一起爬山的场景。当时的女友穿着一件白衬衫，梳着马尾辫，迎着夕阳，张开双臂，跳起来，那图像深藏在脑海，美极了。他希望有那么一束花，让他们能共同回忆起青春年少一起走过的历程。

　　是的，随着年龄的增长，我们经常会回忆过去，无论美好或是遗憾。有人说过："我们三十岁的时候，常常怀念二十岁的自己。"可能，到了五十岁的年纪又怀念三十岁多么美好。看电影《重回二十岁》，70岁的女主人公沈梦君到了青春照相馆，照相师让她对着镜头，想想自己最美的时候笑一笑。演员归亚蕾缓缓抬眼，眼睛直视着镜头，平静地轻轻说，"我最美的时候，我自己都错过了。"每次看到这个场景，

　　想起女主人公年轻时为了养儿独自撑家的艰难，还没仔细端倪自己的青春，一晃就人至老年，竟也感同身受般，眼泪不知不觉中落下。

　　但是，我相信的是时间和生活，时间能冲淡一切苦痛，生活也能创造新的喜悦。老年的沈梦君儿孙满堂、打牌逗乐，日子也逍遥一些了。旧去的缓缓退步而行，前行的渐渐扑面而来，这就是岁月。

　　其实，岁月总会有办法让遗憾少一些。海子说，你来人间一趟，你要看看太阳，和你的心上人，一起走在街上；在焦头烂额的工作中，缓出一些时间，看看初春殷红篸绿，品品深秋素裹白霜；在不够清澈、

夏花成妍

主花材： 两朵粉白大芍药和淡蓝色重瓣绣球花
配花材： 粉色的风信子和尤加利叶

两人相识于高中，是友谊的开始，相处于岁月，化为爱情。我们采用象征"友谊和爱情"的芍药作为主花，纪念他们对彼此一直以来的情有所钟。

淡淡的粉色与清蓝色搭配，整体风格清爽又温馨，希望，女主在炎热的夏日收到这个花盒，不仅能感受到男主的用心，还会有一点凉爽的喜悦吧。

花的情书

花的情书

安宁的烟火里,学会以花朵的姿态拥抱光阴。就像《岁月神偷》里写的那样,能够握紧的就别放了,能够拥抱的就别拉扯,纵然似梦半醒着,笑着哭着都要快活。岁月极美,就在于它必然流逝的春花、秋月、夏日、冬雪。

我们每个人的余生里都会有尚不明朗的时光,世事无常没有谁一生如意。一个人的成熟在于,无论经历过怎样的挫折坎坷,怎样的人生历练,都能微笑着说,岁月你好。

这也是做花的初衷。世间最美的是什么?不就是那历经了破土、发芽、生长、枝繁叶茂后开出的花朵么?无论经历种种,我们都如那花朵一般,总会有最美好的时光,无论短、长,无论是在享有还是在回忆。把人生这一径长途点缀得花香弥漫,使得穿花拂叶的人即使踏着荆棘也不觉痛苦,有泪可挥,不觉悲凉。

在野做了一款"夏花成妍",起名来自于微信征集。花友吴小姐说此名取自《夏花明》。"夏条绿已密,朱萼缀明鲜。炎炎日正午,灼灼火俱燃。翻风适自乱,照水复成妍"。

爱，在用心良苦处

　　深夜，一位老顾客向我检讨：在送礼物这件看似平常的小事上，却能看出对于爱人的用心程度。他说，上周因为时间太紧，就在下班路过的花店随便买了一束红玫瑰白百合花束作为生日礼物送给女友。女友虽然开心收下，但他的不用心让自己过意不去。

　　就爱情里的用心，我想起一个姐姐。当年，刚大学毕业的她在报社工作，很多人追，最后她选择了一个家境很一般的做男友，有同事就问：干嘛不选另一个多金又帅气的？

　　她说，一次她在出租屋里做饭菜招待同事好友，也包括上面那两位。她随口抱怨了句，说厨房没有地方挂洗碗毛巾。随意那么一句话，被后来的男友听见了，他就悄悄的过去在墙壁的横水管上，用铁丝缠绕成了一个"U"字型。

　　姐姐说，每当往这个可爱的"U"字型上搭毛巾时都感受到他的用心，想起来自己都要会心一笑。

一个人可能并不是最优秀的，但却懂得默默为你用心、想你所想，这样的人一定值得喜欢。

十几年前，爱情教母张小娴就曾说过，爱一个男人，可以爱他的英俊，爱他的聪明，但请不要只爱这些。他的聪明，他的容貌，他的个性，他的钱，他的事业，都是属于他的，只有他对你的好，才是他对你的情意。

一个对你用心的男人，给你买的可乐永远不加冰，给你点的牛排总是八分熟，在你例假时照顾你的情绪……可能不需要太多言语，有时候他的一个眼神，一个动作就能让你感到用心的温暖。

因为喜欢，所以你的一切我都很关心，关心到你不能喜欢别人。王小波说："从心底里喜欢你，会觉得你的一举一动都很亲切，不高兴你比喜欢我更喜欢别人"。

作家马德就曾说："有时候你把自己都忘了，这个世界都忘了，但心底还会有个人不屈不挠地在那里，这个人一定是你最爱的人"。

爱他，在他上班迟归时会想上一千种坏可能，在想象中经历万般劫难，内心加的戏多得让自己焦虑不安；爱他，喜欢听他讲工作上的人和事，也忍不住替他记住许多往事；爱他，希望自己更美丽，希望自己被记得，希望自己的容颜体貌在极盛时于对方如霞光过目，永不相忘。

而当你爱一个人时，你自然会打心底地心疼他，觉得他处处需要照顾，爱有多少，你的心疼就有多少，你的"用心"就有多少。

上周，一个男生光临在野，用心的为女朋友定制了一束粉色花束，他告诉在野："我不在她身边，但我希望她能感受到我就像在她身边一样。女朋友喜欢粉色，希望这是一束粉色的、大大的一捧花，给女朋友抱个满怀，就像我在她身边一样。"

在野选择了两种不同花型的粉色绣球，淡紫色马蹄莲与玫瑰，搭配绿色浆果，圆圆大大，讲述着我就在你身边的浪漫。这束的名字，就叫"抱个满怀"！

抱个满怀

主花材：浅粉和深粉的两只大绣球和紫色玫瑰

配花材：马蹄莲和金丝桃

有人说，爱最苦，莫过于相思于两地，对于两个不能久腻在一起情侣，有什么比温暖的怀抱更值得渴求的呢？

绣球的花语有"希望"之意，希望有情人终成眷属，做一束很大的花，取名《抱个满怀》，也希望男主不在身边的日子，女主能感受到这份厚实的温暖。

不念从前，
我们无法从头来过

　　一位男士要送给前妻一束花，他说，他辜负了她，不求从头来过，只想她看到这束花，能够不那么恨他。

　　"我想回到从前，从前的从前。"《我的前半生》最后一集，望着前妻子君，陈俊生疲惫地哭着说。那一刻，站在门外偷听的现妻凌玲，捂着嘴巴痛哭流涕。后来，陈俊生回了家，凌玲委屈带点不知所措的从沙发上站了起来，陈俊生心疼地抱紧了凌玲。那一刻，凌玲释怀的泪流满面。

　　到这里，三个人的关系达成了理智的和解，没有了鸡零狗碎的争吵，只有历经世事后的释然。这是心底生发出来的认识：我们无法从头来过。

　　"黎耀辉，不如我们从头来过。"这是《春光乍泄》的第一句台词，也是贯穿始终的爱情魔咒。因为从头来过，黎耀辉和何宝荣来到了地球的另一端寻找新的起点；因为从头来过，背井离乡的底层挣扎有了温度与颜色。而每当何宝荣说出这句爱情魔咒，黎耀辉便会好了伤疤忘了疼，既往不咎和他重归于好。

我们都曾以为爱恨痴缠,往事一大,忽然一键清零,两个人成为处子,又洁白,又无辜,站在情感的原点,恍如初见,重修旧好。可是,黎耀辉和何宝荣最终并没有在一起。

古希腊智者赫拉克里底斯的名言人尽皆知:"人不能踏进同一条河两次"。《猫河》里的诗句说:"踏进河里的绝对不会是同一只脚"。

万物皆流,人又怎能例外。

《半生缘》里,曼桢和世钧终于重逢在当年的小酒馆里,当世钧百感交集,终于能够紧紧的拥抱着曼桢的时候,曼桢哭着说:"世钧,我们再也回不去了。"

曼桢曾经想,有朝一日见到世钧要怎样告诉他事情的经过?那时她被姐夫囚禁过,听见心上人在外面喊她,怎么拼命挣扎也无法回应,被迫生下姐夫的孩子,曾经肝肠寸断日夜哭啼。而现在,她真的在那儿讲给他听了,却是用最平淡的口吻,因为已经是很久之前的事情了。

最后，世钧可以温柔地看着自己曾经讨厌的妻子，听她讲青梅竹马的故事给孩子听；曼桢受伤，看着自己渐渐长大的儿子要保护自己的心，也欣慰不已。

世上的关系，都只有情深缘浅。我们总是希望一辈子，后来发现，都是一阵子。生命再繁花似锦，遇见的人再投缘，也都只是一程相伴。生命的真相，就是一场又一场的相遇与别离。

《春光乍泄》，最终两个人分道扬镳，而影片的英文名字却是《Happy Together》，这也许就是导演对人生的深意，"together"并不简单指两个人之间修成正果。together，是与自己达成和解。

不管曾经多么撕心裂肺，最后也会平静如水。《我的前半生》结尾处，贺涵和罗子君隔空的那段对话：

"我前半生里最重要的人和事，
都留在了上海。"
"那你还舍得走？"
"当然舍不得。
但只有在走开之后，
我想我才能慢慢体会到，
才会知道那些舍得的和舍不得的东西，
对你来说有多重要。"

我们的人生，总在完成着一次次的别离，又继续着一次次的相遇，这一切教给我们的还是最平常的那两个字"珍惜"。珍惜从前，珍惜现在，珍惜自己。只有这样，我们才能迎接更加美好的相遇和充满无限可能的未来。

Happy Together

主花材：橘红色火焰兰和紫黑色马蹄莲

不管曾经多么撕心裂肺，总有一天也会归于平静，这就是人生。时间会抹去所有当初的切身感受，留下的只有记忆。

我们选了橘红色的火焰兰，它有着强烈的浓艳，花语是渴望，也想替男主表达一下渴望女主过上好的人生之意；马蹄莲，当它是黑紫色时，有着"纯洁"之意，此刻的感情最无私心。

我们给花束起了《Happy Together》之名，作为夫妻没有修成正果，但依然希望你能与自我达成和解，最终快乐。

没有什么可以取代，你的快乐和那段青春

花的情书

　　女人对什么最念念不忘？我想大概就是青春。一位女顾客，要买一束花，纪念和感谢曾经和先生共同经历的青春。

　　我问她，这些年来记住的最开心的时刻都有哪些？我以为她会大讲自己幸运早买房的故事，她曾说过，在2009年因为要和先生结婚，顺势买了房，如今也在北京拥有了第二套房。

　　结果，这次是完全不同的故事。

　　她曾经和先生有过一段租房的日子，因为双方单位很近，每天她先生都骑单车送她上班、回家。有一天，夕阳的光很美打在自行车上，地上映出了两个人的影子，她带着一个有耳朵的帽子，看着地上的影

子摇头晃脑,就像一个小狗的脑袋,再看着先生上坡时为省劲而采取"S"型的骑法,两个人哈哈大笑起来。

　　物质给人的快感是以"瞬"为单位的。回望过去,能在心里流淌的快乐,大都与物质无关。

　　我一个前同事,老家在陕西的一个县城。大学毕业后,家里给找了银行的工作,他毅然独自一个人来到北京。他说,比起未来的不确定性,平静如水的生活,一眼就能看到头的人生,更让他感到恐惧。

　　如今的他,和朋友一起开公司,做房地产工程防水生意,几年来一心扑在自己喜欢的事业里,慢慢在行业内也有了很好的口碑和影响力。对于买房子,不过是他在努力经营生活过程中水到渠成的事。

　　年轻,意味着无限可能性,只管为心中的梦想去努力。至于物质的东西,不过就是你努力后的自然结果。

　　我一个朋友是90后,虽然目前没有足够的钱作为首付买房,但也没有像有些文章写的那样,"曾经我们有诗和远方,现在我们只想买房"。

"不要因为走得太远而忘记为什么出发"。

即使是租住的房子，家里每道布景他都会很用心，比如书柜整整齐齐，旁边铺着地毯放着绿植，阳光从窗户照进来，他就舒服地盘着腿看着书。好友一起在他家聚餐的时候，对他的房子感觉给出了两个字评价：高级。

我问过他的想法，他说，脱离物质谈享受这很扯淡。房子是实现美好生活的一个手段，而我们常常误以为这就是生活的目标。

就像纪伯伦的诗《先知》里说的那样，"不要因为走得太远而忘记为什么出发"。

这让我想起宋丹丹老师说过的一句话，"原本只想要一个拥抱，不小心多了一个吻，然后你发现需要一张床，一套房……最后才想起：你原本只想要一个拥抱。"

以青春为诗，有花相伴，当你走过人生一道道坎后，回过头，最美的最好的，都宛如初见。

宛如初见

主花材：纯白色丁香花
配花材：紫罗兰

有时候,记得为什么而来,比要去哪里更为重要。

丁香花生来素雅,却又清香远溢,花语有"纯真无邪"之意。淡紫色通常是浪漫的,紫色和白色搭配,像女主过去那些温情时刻的诉说。

我们给花束命名为《宛若初见》。女主脑海里很多美好的时刻,是不经意发生在过去的,愿他们一路相伴,幸福如初相识。

没有在最好的年纪遇见你,怎么办?

深夜,一位老客户找到在野,要做一束代表相识三周年的花盒,送给至今还没有接纳他的女孩。女孩在某电视台做编导,大他8岁,离异带着一个四岁的女儿。

男孩记得每一个节日,哪怕是摩羯座刚开始的月份,都要从我们店里订一束花送过去,就因为女孩是摩羯座。就这样与我们的一来二往中,男孩吐露说女孩也很喜欢他,只是觉得年龄相差太大,没有安全感一直不肯接纳他。

每一次设计花束时,我们都边做边想,一定要美得不可方物,这样女孩就能感受到他的用心。也希望,如果女孩真的爱他,可以不顾忌那么多,毕竟能遇到一个喜欢的人太不易。

我们常说,最好的爱是在最好的年纪遇见最好的人。听起来都要幸福得落泪,两人彼此倾心,携手共度余生,这样的爱多美好。

但在茫茫人海中又有几人能如此幸运?每个人都以各自的节奏沿

着自己的轨迹运行，人海就在这如麻的轨迹之中穿行，相遇本就十分不易，遑求亦步亦趋。

擦身相遇或擦肩而去，命运犹如险棋，无数时间线，无尽可能性，终于交织。

正如法国现任总统马克龙，15岁爱上了比自己大24岁的高中老师。迄今25年，姻缘美好。马克龙说："我从不藏着掖着，她就在我的生命里，她一直都在。"

泰戈尔说：我的心是旷野的鸟，在你的眼睛里找到了它的天空。能在一生掠过的无数深深浅浅的眼神中，找到一个可以停留的居所，是何等幸福?

汪国真曾说，如果不曾相逢，心绪永远不会沉重。可是如果真的失之交臂，恐怕一生也不得轻松。正是这份沉重充盈了灵魂，使其不至于悬浮空中。

若干年后，那个人的容颜早已不在，经历过的事情也被逐渐推远，但曾经对眸的那一霎，却总可以历久弥新，让人笃定所爱之人的存在。这大概就是爱用以对抗时间的法宝吧。

你不是偶然

主花材：肉粉色厄瓜多尔泡泡玫瑰

配花材：紫色绣球和蓝色葱花

一个女人带着孩子生活，总要承受更多艰辛，当拨去战斗的披甲，内心也是柔软的。所以，我们想做一盒对比鲜明，在冲突下又能和谐的花盒。

蓝色和紫色的深色系，象征女主坚强的面对生活；柔粉色玫瑰遍布其间，又提醒她是一个女人，值得被温柔相待。

做这么一盒《你不是偶然》，希望能表达清楚男主的用心，相遇不易，多加珍惜。

《如果我们不曾相遇》

那一天那一刻那个场景
你出现在我生命
从此以后人生重新定义
从我故事里苏醒
苍狗又白云身旁有了你
匆匆轮回又有何惧
未知的未来里未定机率
然而此刻拥有你
某一天某一刻某次呼吸
我们终将再分离
而我的自传里曾经有你
没有遗憾的诗句
诗句里充满感激

  假如，我们不曾相遇，茫茫人海，谁会走进你的心里，与你诉说心中的委屈，聆听生活的不易。从此，在生命中有了交集，相伴在彼此的心里，相依在温暖的四季。

  假如，我们不曾相遇，奔波忙碌的人群中，是否还会遇到那让人留恋的身影，那淡雅熟悉的味道，那如流光般划过生命的爱情。

  懂一个人，何须千言万语。默默地给予，深深地疼惜，是生命中最真的底色，是岁月里最美的留白。

  想对那个女孩说，只有深爱过的人会明白，全情投入才会无憾。我们做了一款花盒，名为"你不是偶然"。

每个人心中，妈妈都是女神

花的情书

深夜，一位男士找到在野花店，希望在母亲节时，为妈妈定制一份鲜花礼物。他说，小时候家庭条件不好，是母亲独自拉扯大他和弟弟的，好吃的东西从来舍不得吃，留给他们兄弟俩。

如今，他已经成家立业，而母亲却因为年轻时的操劳，比同龄的人都要显老。他希望为母亲定制一款鲜花，让她看到花，能够弥补年轻时，没有能力浪漫的缺憾。

天下的母亲又有哪个不是如此呢？她们在自己能力范围内，从吃这件小事开始，苛刻着自己，却希望孩子享用更好的。

周星驰幼时家境贫困，还有两个姐妹，家里舍不得吃肉，可每次周星驰都会把吃剩下的肉放嘴里咬一遍，再吐出来，更过分的是，有次他竟把整个鸡腿扔到地上踩一脚，母亲认为他很自私，就打他。

直到后来，周星驰带母亲上节目。母亲说起他小时候的劣迹，

> 永远的少女,
> 送给年轻妈妈们。
> Glory of the Queen,
> 岁月沉淀了曾经的荣耀,
> 可她依然闪闪发光。

周星驰终于说出了原因——他发现母亲从不吃肉。如果只是掉到地上,母亲还是会捡起来洗洗给他们吃,自己仍然不吃,只有嚼过、踩过的,她才会自己吃掉。

那个时代的艰辛已经过去,如今的我们,梦想的总是诗和远方,却很少回头看。

我们倡导着要富养自己,我们可以一口气给自己买10支不同颜色的口红,一次给自己定制几套西装,在朋友圈晒着吃喝玩乐的照片,而如果搞一次突然袭击回家看看,会发现,父母始终粗茶淡饭。

比我们自己更该被富养的,其实是父母。就像一个女孩跟我说的,她为什么那么努力?除了让自己过得好外,她希望能用自己的力量,带爸妈到处游玩,带他们去商场随便挑选,吃珍馐大餐,弥补他们大半生的辛苦。

喜欢看他们穿着你买的衣服,嘴上喊着贵,却四处炫耀;喜欢看他们收着不实用的礼物,嘴上喊着心疼,心里却乐开了花。

你的富养,可以满足她的那点虚荣心,让她活得更有底气。

在野给这位男士设计了一款大气永生花盒——Glory of the Queen,岁月沉淀了过去,妈妈永远是我们心中的女神,至尊荣耀。

正值母亲节,在野同时推出了一款仙气十足的粉色永生花盒——永远的少女,送给年轻的妈妈们。

Glory of the Queen

主花材：紫红色的奥斯汀玫瑰，浅紫色康乃馨
配花材：紫色与绿色渐变的绣球花

有一种母亲，无论多么辛苦，她们都心甘情愿地付出；无论生活上碰到多少难事，她们都能巧妙地化解。

她们是孩子们骄傲的女王，有她们在，即使经历风雨的洗礼，孩子们的感受也是温暖如春。

奥斯汀玫瑰惊艳大气，浅紫色康乃馨柔软安心。做一款名为《Glory of the Queen》的永生花盒，希望母亲能够在这款花盒中，感受到女王范的荣耀感。

永远的少女

主花材: 粉白渐变的奥斯汀玫瑰和粉色洋牡丹
配花材: 柔粉色绣球花

有一种母亲,即使做了妈妈,被家庭呵护出的少女心,仍然跑赢了年龄和岁月。

让世界径自老去,她依然是少女。

这是一款仙气十足的永生花盒,清透又饱满莹润,取名《永远的少女》,也希望妈妈在这如樱花般的花海里,是一辈子的公主。

你能接受最不堪的我，才能拥有**最好的我**

花的情书

深夜，一个女孩留言，说已经连着三次收到在野花店的花，喜欢之余谈到，她年幼时被桌上掉下来的暖水瓶打到，右脸被开水烫过，留下了印记。如今长大，平时粉底液、遮瑕霜等抹在脸上，看不出异样，却担心以后与送花的男生相处后，卸妆后会被对方嫌弃。

让我想起自己谈恋爱时的场景，有次和先生在西单一咖啡店用餐，吃完后闲聊时突然就想考验一下他。三五伙人从我们身边经过时，我故意做了一个很没品并且恶心的动作，将口香糖吐在地上，之后的每一秒我都紧盯着先生看他的反应。

只见他的脸倏的微红，连忙起身对经过的人说声对不起，然后拿起纸巾慢慢蹲下把口香糖包裹着扔进垃圾桶。坐定后微笑对我说，公共场合咱还是得注意一点是吧。

他没有表面装作没看见心里想这个人真没素质，也没有觉得丢人马上就要迫不及待离开咖啡店，也没有怒斥怎么可以这样做，而是用

一种最体贴最宽容最溺爱的方式解决这个问题。

就这一个动作,我在心里告诉自己,一生相伴,就是这个人了。

人生有琴棋书画诗酒花,也免不了柴米油盐酱醋茶。如果一个人能接受你最不堪的一面,并且不觉得丢人,那么他就值得拥有你的好。在那个人面前,你能卸下眼妆,也能卸下伪装,你可以放肆展示自己的好,也不避讳袒露自己的缺点。

李敖曾经疯狂追求台湾第一美人胡因梦。他给她最美最生动的评价是那句经典的"又漂亮又漂泊、又迷人又迷茫、又悠游又优秀、又伤感又性感、又不可理解又不可理喻"。

两人闪婚,却让人大跌眼镜闪速离婚。李敖对外公开说,在心中她一直都是完美的,有一次半夜起夜,忽然看到胡因梦因为便秘在马桶上呲牙咧嘴的样子,觉得完美被打破了。还有一次胡因梦用冷水煮排骨汤,又被李敖骂,你怎么这么蠢,这都不会。

后来我看胡因梦写的《生命的不可思议》《胡言梦语》一系列书,折服于她骨子里的气质和卓越才华,尤其她对因缘生灭和人类生命的探究的哲学思想,堪称一个活的通透的一代奇女子。可就是这个奇女子,因为一点点不完美,就被李敖多次公开举例羞辱。

看胡因梦的文字时常常会想,如果我是一个男人,一定会好好爱她。爱,应不止于那具皮相,更爱那骨骼脉络,爱那五脏六腑,爱她的真实。

著名英国作家弗吉尼亚·伍尔夫常年忍受精神疾病的折磨,值得庆幸的是她的每一场发病,都有丈夫伦纳德在身边无微不至的照料,这苦涩人生中的真情,带给弗吉尼亚极大的鼓励和感动,支撑着她完成了写作生涯中最重要的几部作品。

小时候看红楼梦,有一出是贾环使坏用灯里的热油烫了宝玉的脸,当黛玉知道后便赶过去看,宝玉不让瞧。宝玉知道黛玉的癖性喜洁,见不得这些东西。黛玉也知道宝玉的心内怕他嫌脏,因笑道:"我瞧瞧烫了哪里了,有什么遮着藏着的。"一面说一面就凑上来,强搬着

花的情书

脖子瞧了一瞧,问他疼的怎么样。

真正的爱情也是如此。你愿意接纳他的全部,他也欣赏完整的你。即便是那些不够完美,甚至是恶劣丑陋的一面,因为有爱,也不再那么不堪忍受,它们像是镀了一层爱的金边,怎么看都是喜欢。

感冒了就呼一些鼻涕泡泡,睡不够就顶两个大黑眼圈,心情不美就吐槽说脏话,压抑就不顾形象哭泣,有委屈就发脾气也不要管表情狰狞不狰狞,这世上本就没有什么绝对的完美,在真正的爱人面前,本就应是一览无余的轻松。

每个人都有自己的悲欢离合,融入这大千世界,每一种情感都是肉身和灵魂的碰撞,聊好琴棋书画诗酒花,过好柴米油盐酱醋茶。

为这个女生做的花盒,名为"夏至未至",爱情从青涩到成熟总有一个过程,希望在野能陪伴并见证这个女生完整的爱情过程。

起初是因为爱你，想给你更好的东西

后台花友 ML 跟谈了 3 年的男友分手了。她想送自己一束花，霓裳之梦。她说爱情破灭了，梦想不要丢。

她曾经对男友的想象是，他虽不必驾着七彩祥云来接她，但是会因为爱变得有长进。

ML 以身作则也好、鼓励激励也好，甚至威逼利诱，男友还是我行我素，一份工作稍有不如意就辞职，好不容易有份工作，下班后就沉迷于电视和游戏中，对其他事一概不管。

我想起一个尚游戏人间的闺蜜，她经常挂在嘴边的话是，无论他长得多么帅，家庭条件多么好，和我交往后没有长进的，我就会立马觉得他索然无味。

凌峰在我印象里，一直是个典型的机车男，始终也没有一份干的稍微长点的工作，就是三天打鱼两天晒网。直到他邀请我们去了国贸的一个口碑很好的咖啡店，才发现咖啡店竟然是他开的。

问起怎么有这么大转变,他说因为想和一个爱喝咖啡的女孩在一起。听到这个回答,一口咖啡差点笑出来,这是"你手指的地方就是我的战场"式的爱情吗?

　　可听凌峰仔细说了这两年的事情,又真的很感动。为了开成这个咖啡店,他投入了大量的时间精力和金钱。

　　白天在一家公司上班赚薪水,晚上就上外国网站,和国内外一线咖啡师交流学习,甚至半夜去一家小咖啡店取经,冲咖啡到凌晨3点,光卡布奇诺就练了3个月……没日没夜没有周末的日子,坚持了两年多。

　　他低头喝了一口咖啡,很认真地说:"因为太想和她在一起了,太应该努力了",那一刻,我们几个在场的朋友,都很有感触。

一个男生不管成熟与否，真的爱一个女孩的时候会尽全力想给她最好的，会愿意为她改变。就像《男人来自火星，女人来自金星》里说的那样，男人感到被爱的女人依赖和需要时，就会变得积极上进，力量无穷，有如神助。

这是一个因为爱一个人，而倒逼自己快速成长的故事。对一个女生来说，不会因为男生努力上进而爱他，而会爱上那个愿意为她努力上进的人。凌峰和他爱的女孩最终走到了一起。

王小波给李银河写过一封情书：《为了你我要成为完人》，他说，"我要把所有的道路全试遍，直到你说'算了吧王先生，你不成'为止。"

"因为认识你，我太想长进了"，而李银河也回应道"我还常常想，为了你，我想变美一些"。

花的情书

霓裳

主花材：郁金香、芍药
配花材：银叶菊

一个为爱奋进的故事，我们常常感激被爱之情，其实，也需要感谢你爱的人，因为她，你变得越来越好。

我们选了层叠繁复的芍药，纯洁之至闪耀发光，她远渡重洋来自日本；深紫色郁金香，带有珍惜的毛边，华丽高贵，是荷兰培育的品种。

这束花起名为《霓裳》，"长男栖月宇，少女炫霓裳"，拥有最好的是每个少女的梦，我们做一款有如飘拂轻柔的舞衣，云气萦绕的花束，此刻，什么都是最好的。

    因为爱你，我要变成更好的自己，更好的爱情，理由是，更好的你和更好的我在一起。

    《纸牌屋》中的弗兰克和克莱尔之间的爱情故事，也是如此，我们看到的是，在外面强势的铁腕男人弗兰克深深爱着克莱尔，优雅性感的克莱尔不动声色地点燃着弗兰克的内在能量。

    如果能够在前进的路上努力，爱情也会在努力中升级，直至互相默契无法离开。

    "很多爱情，起初是因为爱你，想给你更好的东西，最后，我的努力成全了你，却也让我变得更好，成全了我自己。"

秋天来了,该好好生活了

2017年8月7日,立秋。

记得看王小波插队的故事,他常常在秋天走路回家,感到困惑茫然时,秋天的风刮过高高的杨树,落叶像一场黄金雨飘落下来,那一刻的诗意,让他"解脱了一切苦恼,回到存在本身"。

我对秋天的好感始于一棵银杏树。10年前,刚和男友分手,一个人走在北京的长椿街上,不知不觉走进了宣武艺园,就静静坐在树下的台阶上。

起风了,我抬头望了眼天,被眼前的景象迷住了,我被一棵庞大的铺满金黄色的树笼罩着,太阳的光透过叶子照在身上,我感到前所未有的温暖,还有勇气。

跟很高的天空对视,看繁茂的树木,是能让人跳出庸俗的生活去思考的。心理学研究说,当人遇到比自己更伟大的东西时,会减少"自我中心"的想法,开始对一个季节感到敬畏。

人们喜欢拿季节说事。冯唐有一首短诗:"秋天短到没有,你我短到不能回头"。自古逢秋悲寂寥，文人总郁积着浓浓的悲秋情结。

史铁生在《秋天的怀念》里回忆，母亲对他说："北海的菊花开了，我推着你去看看吧。"刚失去双腿的他总是拒绝，终于勉强答应时，母亲离开房门，却再也没回来。

日本歌手杉本为他去世的母亲写了一首歌："盂兰盆节的假期，我没有回来，对于我各种的借口，你是在叹气吗？想向你，想向你道歉，假借工作的名义，疏于问候。想向你，向你道歉。我独自来到了秋天的山脚下，只是想向你道歉。"

每年这个时候,我也尤其想念我父亲,再过两周,就是他去世三周年的日子了。我要去他坟头跟他说说话了,慢慢告诉他,这一年我们家经历的事情,并向他保证,要好好的对待生活。

秋天最应该被认真对待。当然,每个季节都值得爱生活的人全情投入。但秋天尤其特别。

它很短,短到一不留神就会错过。秋日不去看红叶,一年都见不到红叶。它也是个不单纯的季节,相比前后的夏天和冬天,秋天仿佛"精神分裂"。

花的情书

光阴的故事

主花材：黄蝴蝶玫瑰

配花材：黄褐色马蹄莲、白色洋甘菊、南天竹

黄色，有着太阳般的光辉，那是智慧之光，充满力量。

我们用满满的黄色系花材做了这束花，取名为《光阴的故事》，每个人都有属于自己的光阴故事，在秋天这个值得回味的季节，不妨淡淡回望，再温暖前行。

"无边落木萧萧下"是秋天，"采菊东篱下，悠然见南山"也是秋天。作家木心说，秋天，所有树在落叶前都"疯了"，最后豪华一场，不留遗憾。在这同一个场景里，神奇地包含了死亡、生动、疯狂、安详。

在秋天，人也一边失去，一边成熟。我们到了一年中该告别花叶，迎接果实的时刻。坐在秋日的公园里，抬头看到旷远的天空，你会突然感到宁静。

秋天来了，该好好生活了。

我们回不到过去，再见却如初见

时钟，回得到起点，已不是那时那刻。

我们，回不到原点，再见却一如昨天。

不久前，我赴一场"十年"的约会。

当人初以"十"为人生单位时，心里是有岁月老去，我还青春的一点自豪的。就像柿子微红，有一点点人生经历，看了一点点浮生，挂在树端俯望大地。就是，你觉得，你已经不一样了。

大聚之初，我搭档跟我说，10年未见，每个人都有了不同的人生轨迹，再见会不会尬聊？就带着这一点忐忑，还是兴奋启程了。

我们，散落在天南海北的大学同学，回到了母校所在地西安。当迈进酒店看见彼此那一刻，以为会陌生的、多年未见的那些同学，原来，大家声音没变、容貌没变，甚至连说话方式都没变。你看，你怎么还是你？！

初见

主花材：铁线莲

配花材：粉红色落新妇、大花蕙兰

同学间的情谊，最是可以一如既往，不改初见模样的。道别多久，再见依然如故，即使总是天各一方。

铁线莲花语是"高洁"，用这种自带仙气的花材，做一束《初见》，花束整体不染世俗杂质，仙气盈盈，就像我们之间的情谊。

　　我们大笑着，就像昨天的样子，心里忽然就开出一朵花，阳光温暖，微风吹拂。我们挤在一室里夜聊，那些曾在生命里留下的喧哗，一下子全回来了。我们，曾是也终将是彼此生命的一部分。人说，人生若只如初见，对同窗情来讲，过去的美好，再见依在。

　　阔别十年的校园路上，布满树阴。就仿佛看见曾经的我们，三两挽着胳膊，正一起轻哼着流行的《宁静的夏天》，往食堂走去。最无忧的时光，放纵的笑语和路上的脚印，都在那里不曾离开。

　　重回当年的教学楼，我们并肩坐着，仿佛回到了旧时光，听见系主任在讲文学课，用杨玉环的故事吸引着我们听完那一部历史。听见英语老师说："默写英语单词"……穿越了时光，我们双手托腮合影，心中依旧是年少的模样。

　　还有那些白天没有课的日子，我们去学校附近的汽车训练场，空旷无人，只有我们。看着书聊着天，日升月落间，香草赋愁闲。晃啊晃的，苍云又白狗，日子就过去了。

　　每个时代都有令人感激的地方，那时电脑

花的情书

和手机不普及，我们一起抄笔记、去图书馆、上自习、游玩、看男生打球、临睡前一起听电台广播……就是实实在在地呆在一起，没有界限，没有私密，却很喜欢。

宿舍的 GY 会给每个人整理衣柜，叠好放齐；YS 会和我在所有人都去上课后，安静地一起继续睡一上午；YX 会出去采花布置宿舍的桌子；XQ 的男友会在特别的日子送来吃的我们一起分享。

还记得有段时间，学校操场放悬疑片，我晚上起夜就会害怕。半夜上厕所，总是敲一下 JW 的床头，都不用解释，她就半闭着眼下床，走到门口把门开着倚在上面，等我出门，然后再在厕所门口等着……

路过校医务室，看见当时的自己，抱着一只坠楼的断气猫去找医生。在医务室哭，也不肯走，无奈的温柔男校医，拿出听诊器像模像样贴在猫的身上，仔细听很长时间，解释了很多术语，然后郑重地说，它去世了。

宿舍 JW 说，她还记得我们把猫葬在校后的哪棵树下。

忘了发生在自己身上的事，彼此却记住了。我记得 GY 有一个 16 开的本子，每晚入睡前，她都要把和异地男友的聊天记录，一条一条的抄在本子上。她还记得我把西安小寨逛遍，买了一双球鞋，邮寄给异地的男友，而这事，我却感觉压根没发生过。

晚饭时，老师拿出了当年的点名册，再次点名，一下子就记得了自己是 11050301 班的 04 号。我们挨个说着这十年的人生，有趣的无趣的，好的坏的，总想多说点给大家听听，说者动情，听者热泪。

离开校园，我们各奔东西，如空中的孤鸟，海里孑然的鱼。这一夜，我们把十年的人生故事都带了回来。

班级群叫 "2003 年的一次偶遇"，今天我们说，一次偶遇念终生。时间穿梭在似曾相识的黄昏，听着各自的诉说，往事都清晰再现，从未离开。原来姹紫嫣红尽开遍，我们追寻，却在眼前。

再见面，男生们还是印象里那么帅，早餐时，准备好食物放满了

花的情书

桌子；临睡前，细心地准备点心，连石榴都要切得漂漂亮亮，送到女生手中。被自己班级的男生呵护，感觉踏实而美好。

启程回来，西安的同学 ZJ 送我们到机场。拥抱一下，头也不回地走开，就像当年毕业离开西安一样，转头怕告别伤感。前面的路，还要一个人走下去，但知道，还有一天会再相逢。

人生若只如初见，对同学来说，永远如初见，美好会定格会延续。凉风有信，秋月无边。欢喜之后的散席念念不忘，过去的，懂得怜惜；未来的，笑说离情。

长路漫漫，我们都要踏歌而行。

这期，我们做的花，名叫"初见"。生命是终将荒芜的渡口，连我们自己都是过客，而对有些人，我们永远是初见的心。

为了你，我情愿无条件站队

花的情书

  深夜，搭档给我发微信，质问我是不是忘了他生日。说起搭档，这么多年他给我的最大安全感，是我很确定，一旦有人对我产生"敌意"时，他都会稳稳的站在我身边。

  这很像蔡康永对小S的友情观：朋友的仇人就是我的仇人。蔡康永曾说，只要小S不点头，我永远不会去关注黄子佼。

  在成年人的世界里，能做到朋友不喜欢的人，也因此跟着不喜欢。这不是盲从不是幼稚，而是一种坚定的支持与跟随，只有时刻把你放在心上且处处为你考虑的人才能做到。

  这两天热播的《我的前半生里》，每个人最羡慕的就是子君有一个唐晶做好友。当子君的丈夫出轨，唐晶就像一个圣斗士一样，开启了对子君的全方位保护，冲锋陷阵，子君的情敌就是她唐晶的敌人，一封邮件就把好友的情敌从单位弄离开。

  事关友谊，没有道理。唐晶说，"讲什么道理，我不能看着我最

好的朋友，被人这么欺负。"在这里，没有对错，就像两国交战，只有立场。罗振宇曾经说过类似的一句话："不论是非，只论交情"，是其交往原则。

这就是成年人之间最高级别的友谊，为了你，我情愿无条件站队；这就是成年人之间最迁就、最疼爱对方的表达形式，为了你，我设身处地考虑问题。

就像当年离婚争女风波中的贾静雯与高圆圆，当全世界都在看贾静雯的丑闻和笑话之际，高圆圆挺身而出，微博痛斥其前夫，事事鼎力相助于贾静雯；在好友低谷时始终相伴左右，也成就了娱乐圈中一

成年人之间最高级别的友谊
为了你
我会无条件站队

对知心姐妹花。

有人倾盖如故，有人久坐如陌路。心理学家武志红说，好的关系让我们展开人性的每一部分，每一部分我们都愿意坦然给对方，这是人生最棒的体验。小S和蔡康永就达到了朋友关系中最美好的一种境界。

《康熙来了》有一期是小S与黄子佼的世纪大和解，多年的感情牵绊终于风淡云轻，很多人泪流满面，而有过阅历的人更深深感动于小S哽咽着问蔡康永"我漂不漂亮"时，蔡康永回答："漂亮"。

义薄云天一壶酒，两肋插刀侠客行。在我的朋友观里，朋友之间是有一个"侠"气的。夹人者为侠，意为以己之力助友。古往今来，令人钦佩的侠义之交是言必信、行必果，诺必诚，义字当先。

《武林外传》，为什么佟掌柜总是那么爱现，那么爱作，那么小气抠门，那么自吹自擂……同福客栈的小伙伴们成天跟她呛，可一到关键时刻，所有人都会紧紧贴在她身边，因为她身上有一股侠气：我要罩着你。

想起我以前公司的一个直接上级，他总是很不理解，为什么团队的人都跟他不亲？其实答案很简单，没人喜欢跟一个精致的利己主义者成为知心之交，虽然这种精神很容易在这个时代获得某种定义的成功。

在他的朋友圈里，天天炫耀的只是去跟这个名人合照，跟那个称兄道弟的高攀，没有一张自己团队的照片。因为在他骨子里这些兄弟不重要，因而当发生任何利益问题，他都轻松躲开刀子，把兄弟们让出来。

有时候，我们看着城市里的车水马龙和高楼大厦，看着路上如织的人群，常会陷入一种孤独里。人生常常忙碌冰冷，但有义气一团的同事和朋友们，是伴你快乐行走的灵魂支撑。有他们在，你做事心里有底。

我的搭档，是我职场生涯里收获的贴心伙伴。当时，我们团队四五个人总是忙完这一阵子又可以忙下一阵子的状态，但我们都很快乐，一起加班，一起争吵，一起完成任务，一起进步，一起收获满足感。

你最珍贵

主花材：蝴蝶兰

配花材：尤加利花蒂、枝条

白蝴蝶兰，在花语中有"纯洁、友谊珍贵"之意。蝴蝶兰，也是搭档很喜欢的一种花材。我猜，他看它们就像蝴蝶一样，有幸福向你而来的动感。插这一瓶花送他，希望他能够像这里的蝴蝶兰一样，在枝条般坚固的支撑下，展翅飞翔，迎接幸福。

工作搭档是最容易生出稳固感情的，因为一起战斗过，彼此扶持，有盟友之情。所以，现在我们还能看到倪萍总是调侃赵忠祥，李湘拥抱何炅。而《康熙来了》，蔡康永亲自挑选了小S做搭档，也让我们看到了朋友关系中最美好的一种境界。

小S说，康永你死了希望我烧什么给你？康永说，就烧一个纸扎的你。我的搭档就是我的康永。

我和搭档一起经历了多年的时光，发生了很多事，一直到现在成了无事时百般挑剔，逆境时不离不弃的亲密伙伴，很庆幸身边有一个他。希望他生日快乐，亲手插一束花，愿他能够在未来的日子里展翅飞翔。

秋雨瑟瑟花去时，给你一个春天

花的情书

  深夜，一位先生要定一束花给与他携手十六年的夫人，他说，这十几年来的婚姻，维持他们的纽带不单是感情、孩子，还有两人眼光望同一个方向，彼此成长、成全。他要在这个秋雨瑟瑟花去时，给夫人一个春天的花束。

  他说得极内敛，而我却备感平实温馨，情愫尤重。有如"陌上花开，可缓缓归矣"的宠爱，这是吴越王在夫人回娘家后寄去一封信的一句话，意思是说，田间阡陌上的花开了，你可以一边赏花，一边慢慢回来，我可以慢慢等你回来。

  据说，戴妃见信当即落下两行珠泪。每一个女人，都希

花的情书

望被宠爱，才女林徽因也不例外。据说，虽然在建筑设计上有着过人的敏感，然而，这位才女在和梁思成一起工作的日子里，从来只肯画出草图便要撂挑子。后面，自有梁思成来细细地将草图变成完美的成品。而才女林徽因这时便会以顽皮小女人的姿态出现，用各种吃食来讨好思成。

　　喜欢一个人，就会把她放在心上，处处谦让宠爱。然而徐志摩一直疯狂追求林徽因，情书写得漫天飞，为何最终林徽因还是选择了梁思成？我以为最贴切的说法是梁从诫先生的话，"徐志摩的精神追求，林徽因完全理解，但反过来，林徽因所追求的，徐志摩未必理解……"好的爱情，是你通过一个人看到整个世界。梁思成给予林徽因的不仅是宠爱，更有成长和进步，打开建筑天地，助她成为中国建筑史和建筑教学的鼻祖和拓荒者。

　　曾看过一段视频：宋美龄在美国用流利的英语做演讲，蒋介石坐其边上，蒋注视她的眼神是幸福的、尊敬的、欣赏的，他们既是夫妻又是盟友，更是战略伙伴。

　　好的婚姻关系不是怦然心动、风花雪月，而是思想深处的价值观的匹配。就像订花先生所说，他们两人眼光望同一个方向，彼此成长、成全。

　　这期，我们定制的花叫"一抹春色"，好的婚姻让人学会爱，学会成长，并能够见自己，见天地，见众生，人生处处是春色。

好的婚姻关系不是怦然心动、风花雪月，而是思想深处的价值观的匹配。两人眼光望同一个方向，彼此成长、成全。

一抹春色

主花材：玫瑰

配花材：紫色马蹄莲、芙米果、雪果

有人爱，便是春天。男主的细心，如同"陌上花开，可缓缓归矣"的慰劝。我们做了这束"一抹春色"，采用了表达爱情最常用的玫瑰，它繁复多层，含苞待放，鲜艳欲滴，搭配同色系马蹄莲、芙米果和雪果，像一个繁盛的大花园，希望女主可以感受到春天的气息，两个人的日子，每天都朝气向上。

你给予生活仪式感，它回你以美感

生活是需要仪式感的，它关乎我们对生活的热爱、对幸福的敏感，它是人生标记里的一个又一个重要的标记。

手捧一束花，它可能是一种心情的开始，也可以是一种心情的结束。只有给予生活了仪式感，生活才会给你美感。

仪式意味着这一刻是不同的。

《小王子》中，有一段关于仪式感的对话。

"仪式是什么？"小王子问道。

"这也是一种早已被人忘却了的事"，狐狸说，"它就是使某一天与其他日子不同，使某一刻与其他时刻不同"。

在我小时候，过年总有很多有仪式感的事情。

大年三十当天的下午，我们要在大门上贴上春联，贴春联用的浆糊都是奶奶在锅里现熬的。爷爷端着一盆浆糊，用刷子蘸着热气腾腾地往大门上一刷，我在旁边就会赶紧递上去春联。

爸爸则在年前，就会带全家去照相馆端端正正坐在那里拍一张全

家福，有一年弟弟还小，不大乐意，现在拿出那年的全家福照片，还能看见他在嘟着个嘴。

　　初一一定要从里到外，全部是新的衣服。每年的大年三十晚上，妈妈都会把我初一早上要穿的衣服叠好放在床头，即使再喜欢，也不能提前穿，一定要等到初一穿着给爷爷奶奶拜年。

　　妈妈还会仔细擦家里的每一处，装点起来。小时候北方的冬天是没有鲜花的，我妈可真有办法，有一年她挂了一串带着枝子和枯萎叶子的红苹果在墙上，感觉喜庆得美极了。

　　就是这样，一年一年的期待中，就过了一个又一个的年。

花的情书

如今，物质越来越丰盛了，小时候的那一套仪式也在慢慢变化。翻翻微信朋友圈，有人给予自己的过年仪式是去旅行，有的是携妻带子千里迢迢回老家，有的是准备了充足的年货……

不论怎样，我们都在以自己的方式进行着属于我们的仪式感。

美国亚特兰大日报社做过这样一个研究调查，发现在家里"gathering stories and memories"（收集故事和回忆）所带来的幸福感远胜于物质的满足，甚至学业事业上的成就。尤其是家庭传统，它给所有家庭成员留下的回忆和带来的幸福感是源源不断的，不会因为生活的变化而改变。

年

主花材：深红色芍药

配花材：绣球仔、小手球

这是作为新年推出的一款花，中国人在喜庆的日子里，总是最先想到红色。

这款芍药，来自荷兰进口，花型更硕大，花层繁复，富丽堂皇，很适合新年的气氛。绣球仔深紫红色，很小又粒粒饱满晶莹，小手球出挑着散发着春意，整体搭配花材可以说是优中选优。

我们以插花的造型出现，希望买此花的人，不是束之高阁，而是可以插在家中的瓶中，成为庆新年的一道风景。

父辈用心的仪式感，不仅给予了我们庄重生活的勇气，更重要的是，在日后自己的日子里，它开始变成一种让你时刻感受到的源源不断的爱。

就像前天，我拉着儿子拍照，他说为什么要拍？我说，这次是年照，我们要拍一组过年的照片。我想等数年后，他再重新翻看每年的照片，就会感受到岁月真真实实的温暖和家庭给他带来的爱护。

所以，仪式感不需要大的讲究，只是端端正正的一张照片，只是餐桌上的一束鲜花，生活就会不一样。

奥黛丽·赫本的经典影片《蒂凡尼的早餐》里，霍莉会穿着黑色小礼服，戴着假珠宝，在蒂凡尼精美的橱窗前，慢慢地将早餐吃完，面包与热咖啡，宛若变成盛宴。

这种诗意的仪式感，让苍白的生活光华熠熠。仪式是一种纯净的行为，有些看起来似乎没有意义或是目的，但能为当事人呈现出眼前的世界是活色生香的。所有的仪式感，其实就是在表达我们对生活的挚爱，对困境无声却极富韧性的抗争。

明代大儒王阳明说：你未看此花时，此花与汝心同归于寂。你来看此花时，则此花颜色一时明白起来。仪式感从心理学上分析最根本的就是，人如何感知和理解这个世界。它是你心中的世界和身外的世界建立联系的一种方式。

大年将到，在野推出红色系花束。一簇花是你给予过年的仪式感，更是生活给你的美感。

我们最大的野心,就是快乐地生活

"我终于等到了他的出现!"

一个深夜,我收到蜜友晖的微信。

我和晖曾经在媒体共事多年,关系亲密,后来她转行至一家公司做公关,两年后又跳槽到南方知名互联网公司任部门总监。

从我俩认识起,晖在我脑海里风风火火、坚韧不拔的女汉子形象就没变过,她一直是可以独自在公司熬夜加班到凌晨的那个人。

和很多在大城市工作的女生一样,她一直在职场中保持着焦虑、上进以及不满足感。

世界上最幸福的事,莫过于经过一番努力后,所有东西正慢慢变成自己想要的样子。全身心的投入给她带来的直接成果是,2008年她独自在北京首付了一套房。

晖所有的日常,几乎都扑在了职场上,一晃到了33岁。要强的性格使她在情感上并不顺利,她不甘心婚后只做家庭主妇的束缚,所以上一段感情戛然而止。

她说不管怎样,她都会坚持等到"合适"的人出现。她不会把自己放在别人的人生里,接受被左右的安排,单身的人都懂,人最需要依靠的时候,往往都是一个人挺过去的。

如今,34岁的晖幸运地碰到了自己的Mr.Right,凭借多年独自打拼的积蓄,加上男方也是门当户对的人,两人顺其自然地过上了美好的生活,要强的她也时不时在朋友圈有了小娇羞。

每个节日，先生都会给她精心挑选礼物。同样，尤其是两个人重要的日子，她会精心挑选一份礼物给先生，也要给他点惊喜。

她说，惊喜不分男女，每个人都会期望生命里的某一天会有个小小的惊喜，这一天突然就值得纪念并开心起来。

上周，一位女生后台留言说，她和男友要离开北京了。

北京是他们已经呆了八年的地方，两人一起打拼。甜蜜的、辛酸的以及无法言说的事情太多。

男友不经意间跟她说过，觉得今年没有和她一起踏青寻野趣，有点小遗憾。每年开春，北京的白玉兰、桃花、樱花相继盛开时，他们都会去赏花，还经常开车到郊区过上整个周末。

对一个女生来说，在这个世界上，最风光的事情不是珠光宝气的闪耀，而是身边有个懂你，并能与你静静细看一朵花的男人。

后台大段的留言，都是她俩在一起日子的琐碎记录，有快乐，也有拌嘴，甚至两人还分开过一段时间。

现在要离开了，想想还是不舍。她希望能有份礼物，送给男友一个惊喜。

她说，我的全部野心就是和他快乐地生活。30岁，早过了花季年龄，八年的交往，相信这是一份可以持久的感情。稳定的情感，成熟的心态，远比热恋的青春更值得珍惜。

这个女生和男友还没结婚，但我相信8年的情感，足以让爱情升华到了亲情。

北上广不只有硬邦邦的钢筋水泥，如果你愿意，每个时节每个角落都有一些美好的事值得惦念，它们都意味着人生里难得的慰籍与快乐，比如去赏一下春日野趣。

在野特意打造了一款带有灰色小麻雀的"春日野趣"。

花的情书

春日野趣

主花材:各色奥斯汀玫瑰
配花材:鸟、叶材

只因你不经意的一句话,我就当了真。

即将离开北京,踏青寻野趣这种小事,被男主说了出来,女主就想送个礼物。能够在繁忙的生活里,一起静静感受自然带来的气息,夫妻有共同的生活情趣令人艳羡。

我们做了一款永生花盒《春日野趣》,选用了6种不同花型和颜色的玫瑰,配了多种永生叶材,并特意在上面放一只灰色小麻雀,像精心准备的礼物,又拥有一份自然随意,希望他能感受到女主内心带给他的春日野趣。

我这样**热爱的**并不是夏天，而是可以做的那些事

花的情书

深夜，一位男士找到我们，希望给女友送一束花，纪念他们于夏日相识的两周年。他说，夏日的温度和焦躁，在认识女友那一刻，都消失了。希望在野，做一束很夏天的花，有绚丽的高饱和色，却又闻香清爽。

《颐和园》里余虹说，有一种东西，它会在整个夏天的夜晚，像风一样突然袭来，让你措手不及，无法安宁；与你形影相随，挥之不去。如果不知道那是什么，就称它为爱情吧！

有时候想想，人生甜蜜的事情，真的有一大半都发生在夏天。

关于西瓜的记忆，美事最多。上小学时，和好友从河边钓完鱼回到她家，好友爸爸从院中的井里将泡了半天的西瓜捞上来，大菜刀一切，掉出几颗大黑籽。

瓜瓤的甜、井水里的凉，混合着散发出来。热天里额头上还是汗，西瓜咬在嘴巴里，身体就有快乐的凉意。

不逮知了，等于没过夏天。炎热午后，知了叫得最欢。我们常扛

着一个套个袋子的大竹杆,在最热的时候出发。

有一次,我和小弟爬上一个四五米高的平台上,我们仰着头,他盯着我手指着的方向移动,就听他说:"在哪?在哪?"接着,"咚"的一声,他就摔下去了。现在想起这场景,总有一种莫名而来的喜感。

最热的中午,一晃一觉,从凉席上的梦境醒来,身上出了一层薄汗。窗外是白晃晃的日光,屋子里是转动着的风扇,一个人呆着,也不寂寞。睁开眼看看,接着再睡一觉。

我妈喜欢在风扇上插一些栀子花,香气弥漫着空中浮动。夏天的味道,多是独特的,有老冰棍的甜,有痱子粉的香……

实在想不出哪个季节,比夏天更适合谈恋爱。和喜欢的人一起看书,一起走在马路牙子上,一起躲在树阴底下吃冰激凌,一起扎在烧烤摊里吃着麻小喝啤酒,一起吹着迎面而来的海风,做着关于未来的梦。

夏日的晚上是夜空下的睡眠。躺在平台上,看着密密麻麻的星星,奶奶摇着蒲扇驱着蚊子,一边和爷爷说些你并不关心的话,听着听着就

安静地睡着了。直到快半夜有些凉凉的夏风,被摇醒了惺忪地回到床上。

过去的那些事,就像夏日的晚云,消散于树枝的后面。天色的层叠斑斓与绚烂,常让人恋恋不舍。而路上的车依旧疾驰驶去,所有的逝去,就像有人在远方,让我们频频回首。

喜欢夏天,是因为这个季节里有暖上心头的事。那么多夏天过去了,事情都还记得,人有的却离开了,美好的记忆都保留了。

《岁月的童话》里说,如果有一天,某个不回来的人消失了,某个离不开的人离开了,也没关系。时间会带你去最正确的人身边,请你先好好爱着自己,然后那个还不知道在哪里的人会来接你。

人生很多重要时刻都发生在夏天,高考、离家上大学、毕业工作……记得刚入大学时的夏天,电影鉴赏课老师特意放了《千与千寻》,里面有这么一句:我不知道离别的滋味是这样凄凉,我不知道说声再见要这么坚强。

宫崎骏《千与千寻》教会我们的第一件事,大概就是离别。后来发现,宫崎骏的电影故事,大多都是发生在夏天。

我最爱的《龙猫》,看了一百多遍,因为那就是我们童年的夏天的样子。树上蝉鸣阵阵,只知道快乐的小孩子,迎风奔跑,嬉戏玩水,还有朴实的环境和善良的人。

过去的都已经过去。夏天还会继续,现在正在发生的,是未来你会怀念的。看着明晃晃的大白天,对自己说,好好过这个夏天。

主花材:粉色蔷薇
配花材:梅、雪果

夏天总有好的事情发生,感觉每一天都轻轻松松,每一天都是生命里的大晴天,所以我们就做了一束名为《夏有晴天》的花。

选了一大捧蔷薇扎成一束花,干干净净,在阳光充足晋照下,有些微微白粉,像夏季路过面前的清纯女神。我们将花束放于自行车车上,是不是散发着一股田间的味道?

吵架,不也是**爱情**的一种表达方式吗

深夜,一位男士找到在野花店,说最近喜欢的女孩跟他吵架了好几次。有一次是因为他没有及时帮她拿伞,她就闹别扭,他怎么讲道理女友都不听,硬是怄气了好几天。

他说,他真的很喜欢她,喜欢到不知道应该怎么说才好。希望520这个特殊的日子里,送一束花,让她能够开心,明白自己喜欢她的心意。

感情里讲,不是冤家不聚头,两个吵闹不可开交的人,气急败坏的陷在自己的情绪里,在外人看来,却是在打情骂俏。

林黛玉最爱贾宝玉,爱得不要命,可是一见面就吵、就哭。越是相爱就越容易吵架。薛宝钗为什么不跟贾宝玉吵呢?因为她不够那么爱他。

越是爱,就越在乎。细枝末节的关注,情绪就容易一触即发。

就像昨晚的那位订花男士说:"讲道理她又不听"。事实是,吵架

炽热心情

主花材：红色奥斯汀玫瑰
配花材：红色绣球花

爱到情深，一触即发。女主的情绪大变，不过是一种需求爱的表达方式。

我们给这位男主做了一款全红色大花盒，红色的奥斯汀大玫瑰，红色的绣球花。整体红色是我们很少使用的搭配方式，在这里却觉得没有什么颜色能比红色更能表达炽热心情，让女主感受最深的爱。

你再讲道理，就会失去她了。

不是要分胜负，谁对谁错，尤其不要跟女孩讲道理，她要的只是你的态度，你一心设身处地站在她角度里想问题的态度。

你再讲道理，就会失去她了。

看一个人爱你多深，不是看他平常对你多好，而是看你们吵架后，他如何对你。

张智霖曾经说，每次吵架我都会想到失去她会怎么样，所以我很珍惜，我宁愿主动认错主动和好。因为我珍惜有她在的每一天，男人，认个错没什么，最怕失去了来不及后悔。

你遇到的每一个人都会不同程度地伤害你，你要做的是找到最值得你负担的那位。有一句话这么说：你问我有多喜欢你，我说不出来，可是我心里明白，我宁愿跟你吵架也不愿去爱别人。

那个给你买好吃的，带你去看电影，去旅游的人，不一定是真的爱你；那个开心时对你笑脸盈盈，生气时就对你置之不理的人，也未必不是真的爱你；能在吵架的时候不忘给你准备好吃的，看见你流泪就慌神的人，才是真的爱你。

莫奈花园

痴心可盈

另外,因为即将迎来"520"这个节日,同步推出另外两款花盒。

一款名为"莫奈花园",女孩子们的梦想里,都有一个梦幻般的大花园,她置身于繁花似锦的花丛中,看尽百花齐放;

一款名为"痴心可盈",愿每一颗痴心,都有一个人可以填满。

余生太长，我只想和温情的人在一起

一天，我中学时形影不离的闺蜜电话我，平静地说，我跟你说件事，我准备离婚了。我脑子一轰，什么情况：公婆很好，帮带孩子住同一城市。老公是公务员，工作稳定、人高马大长得也帅，儿子聪明伶俐，家境也不错。

在我人生前 20 多年的思维里，是没有离婚这个说法。小时候住在一个很小的村子里，前后几百里几乎无人烟，一个村子就是一个社会。别说是离婚了，就是夫妻吵架也要偷偷摸摸的。

有一个夏天傍晚，村里一对小夫妻拌嘴了，那景象是，全村的人都去了他家以及家附近，劝说不要吵了。

今天，我闺蜜给我的解释是，她不要跟一个下班就会打游戏的人生活一辈子。我问，出轨了吗？答，没有。家暴了吗？没有。不爱你了吗？没有。你是不是脑抽筋了？没有。

"我不想要一个只能偶尔当个车夫的老公，过一辈子"。

想起，网上有个新闻：某女嫁名商，丈夫一月给 11 万生活费不回

家。本想引来一顿嘲讽，不想全是惹人发笑的评论。"11万？给我1万就行""不给钱也行，只要别回来，回来我伺候了孩子还得伺候他""倒给5000，只求别回来"……

虽是清一色搞笑的评论，可是任何玩笑都有认真的成分。

"是否说过要同去北方看雪景，一晃如今已是十年前的约定，我答应过会在演唱会上为你弹琴，就让我的歌随着你远行一路让你听"。明星薛之谦演唱会上，对前妻说了这么句话，全国的人，仿佛都找到了一颗热恋着的心。

原本只是很普通的事不是么？可是如今听到都会感动得想落泪。

因为，大多女生的婚姻日子里，只有下了班喊累往沙发一躺的他，只有加班无休止的他，只有把孩子交给老人照料，对细节一概不管的他，只有不做家务的他……他在家里的时间越来越短，质量也渐渐不高了。

可是如今的女生跟以前不同了。

"我觉得余生太长了,我一想到未来的每一天他都在打游戏中度过,我操忙着家里的一切,我就不想过这种日子了"

"可是他会改的啊,或许有一天不了呢?"

"我公公就是这样,现在都是我婆婆做家里的一切事情,他每天没事就打扑克麻将"

"那你婆婆怎么说?"

"她说男人嘛都这样,习惯就好了"。

可总有人注定无法做一个认命的主妇。1980年初出生,我和闺蜜的中学时代,是台湾文化吹进大陆影响最深的那些年,也是我们爱情观、人生观形成的时期。台湾的影视、文学作品散发出来的,总是暖暖的细节的温情,很在意这种暖意的小温存就刻在了我们的骨子里。

有人说,温情之于女生,似一蔬一饭,是一种不死的欲望,更是疲惫生活里的英雄梦想。处于温情之中,可饮风霜,可润温喉。

就像电视剧《那年花开月正圆》的暖男吴聘。周莹刚嫁进吴家时,被禁足在别院,不得出门。撒野惯了的她,实在憋急了,爬到树上坐着,不愿意下来。很多男人,若看到自己老婆这个阵势,恐怕早已经急了眼,甚至出言不逊。但吴聘,是这么劝她的:"小心啊,你爬那么高,我担心你啊。"

他只是语气温柔地说出了自己的担心,周莹听罢,二话不说,乖乖下来了。

吴聘可以陪着她一起看月亮,讲故事,悄悄带着她逛街,买小吃并看她吃得开心自己也开心……很小很细,却很难得了。

花的情书

一位女友忍不住评论：吴聘做到的，本应该是男人们早该做到的，只可惜很多人却成了沈星移，自我感觉太良好，把爱当成了施舍。这才是男人爱女人的最标准姿态，也是男人所能给予女人的安全感。

当温润如玉的大少爷吴聘在剧中去世后，"众筹为吴聘续命""吴聘别死"就隔三差五出现在热搜上，豆瓣八组甚至还筹划了一出"十里长街送吴聘"……实在不怪迷妹们如此激动，因为这么一位温文尔雅，总是淡淡笑着守护着心爱女人的吴聘，绝对是女人最想嫁的男人啊。

女人过了年纪，最看重的往往不是金钱，而是对生活的态度。和一个温情脉脉的人生活在一起，自己就能散发出小日子的暖意。最好的对象不是光芒万丈的人，而是让你感到舒服、总是宛然一笑的人。

温柔，永远是一个男人最有力的杀手锏。

女人其实很好哄，也很好"骗"。她愿意真心陪伴一个男人，绝不是因为男人的家财万贯，更不会贪图美色容颜。只是身边的他，能温柔地待她，放于心上，一起度过岁月。

这期在野做了"余生有情"，耳畔听得秋声桐叶落，余生有情良辰美景天。

余生有情

主花材：银莲花、蓝色大飞燕
配花材：芙米果、粉色翠珠、喷泉草

余生太长，悲伤又不放手，才是折磨。或许，你需要一个温情的人，或许，他需要一个浪漫的人，不论如何，余生不将就。

我们做这一束花，取名为《余生有情》，这束花的主花材别有含义。银莲花是一种寂寞的花，它的花语是"期待"；蓝色的是飞燕草，因为它的花形别致，酷似一只燕子而得名，飞燕草，花语有"自由"之意。希望我的闺蜜，余生幸福。

那些活得**很爽**的女人，是怎么做到的？

有个朋友跟我说，YS 就是好命，一路都那么顺，总是过得那么幸福。YS，是我们共同认识的一个朋友，可我知道，这个看起来很顺的女人，是从风浪里来的。

步入社会工作不久，父母相继因病去世，最终欠下了很多债，家中只剩下她和一个年幼的妹妹。命运让曾经娇气的她，放下了骄傲和虚荣，当经过一遍遍痛哭责问"为什么是我"的那些深夜过后，她说她真正彻悟了。

她开始坦然接受命运赠予的一切。每天早上起来，第一个念头就是，带着父母的爱，要好好地、高兴地活下去。

某一刻就是这么领悟了，再珍贵的东西也会失去，再重要的人也会离开，也正是这样，才更要坚定的前行，寻找喜欢的事，真正爱的人，去做正确的事。

花的情书

主花材：多头蔷薇
配花材：小菊

人生多逆境，却不可以不快乐。天命随天，心命随己，悟出了道理，就得到了快乐。

这束花的花材很普通，就是几枝蔷薇和小菊搭在一起，少了一些规矩，多了一些随意，如同文中的女主。

这束花里有大量的小菊，小菊花语的第一种，就是"永远的快乐"。传说，森林中的精灵贝尔蒂丝就是化身为小菊，她是个活泼快乐的淘气鬼。

每个人小时候最多见的，可能就是这种小菊了，它似乎能开放在田野的每一处，随遇而安，又韧性十足，看见它就感受到了生命的强大。

她用最短的时间完成职业规划，五六年的努力，职场开挂，职位一路上升，眼界着实也越来越高。就在那时，她收获了一枚优秀的男子，后来成了他的先生。

其实，没有一种人生，又轻松又幸福，而且又落在别人身上。不过是，有人吃苦在了前，有人吃苦落在了后面。

她说，从此不再有逆境。是真的没有逆境么？不是，是没有可以抵挡住她的逆境。

所谓"顺"，最终是人的格局战胜了运势，它所散发出来的强大气场，已经足够抵挡那些微不足道的小事。

就像下面的这束花，弥漫四散的小菊和黄蝴蝶玫瑰，整体水水的颜色感，是自我和谐的顺；与空气相融合，与天地互感应，淡然处之的状态，是智慧和境界的表达。

每一个看起来很顺的女人，她过得越恬淡，你越能从她身上看到历经黄沙始成金的光芒。

鲜花会盛开,
美好的事物会接踵而来

如果你明白了这一点,那就让自己尽量快乐吧

深夜,我们在后台看到了一则买花消息,是位女客户。她说,下了很久的决心,终于做了与男友分手的决定,从认识到现在已经7年过去了,既然走不进婚姻的殿堂,也不想再争吵下去了,想送自己一束花,给自己一个美丽的力量,挥手告别过去,向下一个路口走去。

我认识一个阿姨,她早年住在我家隔壁,那时老是听到她和丈夫吵架的声音。她老公想离婚,可她就是不肯。

折腾了十几年,最后还是离了。

邻居们不明白她怎么想通的。她说,那是有一天,她看见在广场上的他和舞伴谈笑风生,那种快乐是在家里几乎没有的。她猛地就醒悟了,就放了他,也放了自己吧。离婚后她会怎样,是未知的,而不离婚,她却是不快乐的。

前半辈子为儿女操心,为家庭活着,那离婚后就索性为自己活一把吧!她报名参加了一个老年摄影培训班,开始专心于摄影。

随着在野外采景,她慢慢找回了自己,也找回了快乐。后来,同

一个老年班里的一位男学员注意到了她,相同趣味的他们彼此吸引,最后走到了一起。

作为过来人,她说,只有经历过才明白人生苦短,一折腾就是大半辈子了。如果能早点明白这个道理,就不至于苦守着那么多难过的时光,人生也就能多些快乐了。

当一个人真正意识到个体在老去时,常常会悟出人生的哲理。每个人都知道自己的时间有限,但极少人又真正把它当回事。

《存在与虚无》中说,没有死亡的意识,我们都只是半死不活。当我们从心底真正接受它必然会到来,就可以摆脱生活的琐碎,才会自由地成为自己。

《人民的名义》里的欧阳菁是不懂的,她的男闺蜜王大路说,欧阳菁的悲剧是,她拒绝成熟,拒绝成长。他说错了,对一个女人来说,二十岁、三十岁、五十岁、八十岁,对爱情的需求是一样的。

欧阳菁不懂的是,人生很短。如果她能真正明白了这一点,就不会死耗着一个名义上的婚姻，一晃就到了五十岁。

在看守所回忆和李达康的过去，她说婚姻选择了李达康，就是因为一袋海蛎子。一个星期天的早晨，李达康浑身上下都是泥，身上背了一袋海蛎子，说是挖了一晚上，只因为听说欧阳菁喜欢吃。

说到这个，屏外的人也跟着感慨了。人生苦短，既然一袋海蛎子已经过去了，要做的，是开始寻找下一袋属于她的海蛎子。

生命不应该成为人生道路上的一个沉重的包袱，人生道路也不该成为一个漫长曲折、充满荆棘的艰难旅程。如果明白了这一点，那就尽量让自己快乐。

这世间的任何相聚都是短暂的，谁都不能永生。就像泰戈尔所说的，这个世界上没有谁会永远活着，长生不老，也没有什么东西可以一直存在。

所以，不必纠缠，尽可能地让生命里充满美好的事物，那我们的生活就一定是幸福的，让感觉美好的东西同我们生命一起，踏着相同的节拍翩翩起舞。

魅影

主花材：玫瑰
配花材：紫丁香

7年是青春的岁月中，不短的一段里程。我们选择"魅影"也是用了花语之意，"让人铭记于心"在过去懵懂的青春少年，他们曾彼此相信，彼此安慰，走过一段难忘的里程。

配用紫色的丁香花，也希望无论结果如何，她对过去都能抱有感激，然后，充满能量的向前方走去。

这束花的整体色系由玫瑰和紫丁香构成，如果加以一些浅紫、深紫配花整体就偏向紫色系了，紫色系有梦幻之感，也有些忧郁之味。我们最后选用了红色的茵芋果，让整体色系鲜艳明亮，红色在中国代表喜气，希望她能带着这束花，告别过去，喜气洋洋地开启下一段人生历程。

不必纠缠,
尽可能的让生命里
充满美好的事物

别告诉我，你不再相信爱情

你有多久没相信爱情了？从你第一次感情受挫，从你年纪越来越大，从你看到身边的情侣伤害着分道扬镳，从你只顾日夜披荆斩棘于职场中，从你陷进柴米油盐的精打细算中……

恐怕，你自己都不记得了。

在野一位老顾客从《夜莺与玫瑰》处获得感触，要定制一盒以此为主题的永生花，在跟我们的聊天里，得知他喜欢的女孩正在中央戏剧学院学习，男生的炽热和定制诉求，只让我感到他如火的爱慕之情。

《夜莺与玫瑰》，讲述了在一个寒冷的冬夜，一个年轻的学生要献上一朵红玫瑰才能与心仪的姑娘共舞的故事。当夜莺听到年轻的学生因无法采得一朵红玫瑰而悲泣时，以为学生正是她一直在歌唱和寻找的真情人。于是，为了帮助学生达成爱情愿望，夜莺毅然决定用自己的生命之血培育一朵红玫瑰。

或许自从长大以后,我们已经太久没有读过童话故事了。你是不是也认为童话不过是夸张化、想象化的虚构故事,童话世界是属于小孩子的世界,距离自己已经太遥远了?

夜莺说:"'爱'果然是非常奇妙的东西,比翡翠还珍重,比玛瑙更宝贵。珍珠、宝石买不到它,黄金买不到它,因为它不是在市场上出售的,也不是商人贩卖的东西。"

或许,我们并非不相信爱情,我们只是在逃避,在畏惧,我们只是不想受伤害。在逃避与畏惧中,我们不知不觉中失去了另外一些东西。比如说,失去不顾一切的冲动、失去对爱情执着的信仰,失去被童话感动的能力……

"夜莺赶紧把刺又插深一些,深入骨髓的疼痛传遍她的全身,玫瑰花刺终于刺入她的心房。那挚爱和冢中不朽的爱情呀,卓绝的白色花心如同东方的天色,终于变作鲜红,花的外瓣红如烈火,花的内心赤如绛玉。"

娇小的夜莺心甘情愿地为爱情献出了宝贵的生命,用一腔热血染红雪白的玫瑰。

"这的确是位真正的恋人",就像王尔德《夜莺与玫瑰》里,小夜莺说的那样。

别再告诉我,你不相信爱情。当所有情节都已淡忘,你还记得汹涌在胸腔和眼眶的潮涨。

这就是《夜莺与玫瑰》的定制故事,我们做了一盒永生花,希望女孩能领悟到这份用意。

"If you want a red rose, you must pierce the thorn into your heart and sing by moonlight until the last drop of your life blood."

"你若要一朵红玫瑰,你需将尖刺刺入你的心头,在月色里歌唱,流尽生命的血液。"

——王尔德《夜莺与玫瑰》

夜莺与玫瑰

主花材：奥斯汀玫瑰
配花材：绣球和叶材

真正的恋人，总容易因为爱情，忘了自己。

夜莺、月光、鲜血染红了白玫瑰，这是一个为爱献身的故事。男主反复叮嘱，要定制这盒花，表达他的用心。

我们做了这盒《夜莺与玫瑰》，打造了一个林中场景，一只鸟用鲜血浇灌出一朵诱人的红玫瑰，希望女主收到时，秒懂男主对她爱的倾尽全力。

你是不是和我一样，身边有一群满满少女感的 80 后朋友

5个月前，送给了闺蜜一束少女的花，不仅因为她"裸辞"了，更因为无论什么状态下，她都像个少女那么开心。

前两天，她突然神秘地微信我：我现在在做一件特别有趣的事，有空过来玩。再次见到她，我相当吃惊：容光焕发，浑身上下完全变了一个人，身体更紧致，连马甲线都有了。

原来离开职场后，她去从头练习跆拳道，三个月考了9级，佩戴了白黄带。她的"小目标"是，5年内拿跆拳道教练资格。

闺蜜的性情和处世很简单，与其哀叹职场的狗血，不如让时间使自己变得更优秀。给别人一个惊喜，也给自己一个好的交待。

不闪躲，只为自己喜欢的生活而生活，去憧憬更好的未来。就像塞缪尔·厄尔曼在《年轻》中说的那样，无论是60岁还是16岁，每个人都会被未来所吸引，都会对人生中的欢乐怀着孩子般无穷无尽的渴望。

每个人都会被未来所吸引，
都会对人生中的欢乐
怀着孩子般无穷无尽的渴望。

花的情书

少女心

主花材：深粉色大花蕙兰
配花材：淡紫色葱花、黄栌、星星花

80后，曾经，这个称呼是晚辈，如今，已是"老一辈"。80后，已有了大花蕙兰般的优雅仪态，内心，却也有葱花、黄栌、星星花般少女的雀跃。

希望，她拿到这个灰绿色的绸缎布料花盒的礼物，打开后，不仅会闻到植物特有的清香，还能享受到久违的少女心。

将来做个跆拳道女教练，想想就很酷。闺蜜找到了自己喜欢做的事情，感觉她又回到做少女时爱闹爱做梦爱笑的日子。闺蜜有着典型的少女情怀，就是在这个浮躁的时代，坚守着最简单的东西，越简单越快乐。

虽然34岁了，但她就像一个小少女。

Nina曾是北京一家快递公司的部门leader，她的一个男下属对她几个月的猛烈攻势后，俘获了她的心，两人顺利结婚。为了老公的前程，Nina主动放弃了自己的机会，离开原公司。

谁料，没过几年，她老公出轨了。在他夜不归宿和只有争吵的日子里，她果断选择了离婚。带着3岁的儿子，她去了南方的城市重新开始……

犹豫和迷茫曾经占据了她很大的心力，挑起生活的担子，过自己想要的生活，30多岁迈开这一步很需要勇气。

但是，我永远记得她跟我说过的一句话：相比与一个整天让我心情郁闷的人在一起，我宁愿一个人开始新的生活。

在陌生的城市，她开了一家儿童摄影工作室，从零努力一步步做起。

一个对人生充满渴望和激情的人，那些光会从她的眼睛里，身体中跑出来。詹妮说："如果你从未遇见过这样的人，那么就可能无法真正理解何为美。"

我从 Nina 的朋友圈照片里感受到了这种魔力。相比于从前的憔悴，新生活里的她，每张照片，笑得都像元气满满的少女，而我只有感叹于她的逆生长。

一天深夜，她私信我："我恋爱了！"果然，爱她的人，看到了这种美。

"最是人间留不住，朱颜辞镜花辞树"。这是一个92年的前同事，前两天发的一条朋友圈，配了一张高中时穿牛仔短裙的照片。

前几天火了的"88年的中年女子""34岁老来得子"词语，以及"赵雷的《三十岁的女人》"事件，出现得让人错愕和哑笑。

90后们都开始叫嚣年龄大了，可和我一样的80后们还沉浸在少女的情怀中。或许，年龄大一点的女生，在有些人眼里就像升级打怪，人生应该巧妙计算，步步为营。职场上就要努力上位，家庭里就要安心相夫教子。

可是，哪来那么多"应该"，我们最应该做的，是抛开世俗，做个一辈子怀揣少女心的女生，不论年龄是30+，还是40+，灵魂深处都是少女。

最后，
愿你秉持心中的热爱，从不放弃
愿你出走半生，归来仍是少女
愿岁月让你眉目如画

能够这样生活，应该很满意了吧

一位顾客给我们来信息，说要做一束郊野聚会的随意花束。他说，这两天，朋友们嚷嚷着要聚会，说小长假后要去户外野餐。他们很快张罗起了户外烧烤工具、食物准备分工，虽然还是下周末的事情，但是聚会群里的聊天已先行嗨了起来。

暂时放下一周的熬夜加班，精疲力尽，桃花林下的烧烤，河边玩的游戏，只是为了吃喝玩乐的吃喝玩乐……这些想象，就足以心旷神怡。

相信，那一刻，每个人都是最合于享受人生的理想人物，都是热诚的、悠闲的、无羁绊的人。

人就是如此，一切快乐是发自生物性的，感觉上的快乐。一顿丰盛的烧烤大餐，饱养着味蕾和胃；面前没有讨厌的人，大家海阔天空地谈笑着；风吹一瓶花，整个心情都柔和了。

像林语堂所说，人生没有什么好坏，人生如四季，春、夏、秋、冬，

> 主花材：重瓣郁金香
> 配花材：茴郁，山楂果
>
> 要带着去郊野的花，我们首先考虑是要方便携带和存放。做成正方形花盒，路途中可以盖上盒盖，不占地又便于携带，是个好选择。喝一瓶水，随手注入一点花盒中，内里的湿花泥就可以吸收来滋养植物了。
>
> 郁金香和茴郁都是喜光的花材，在明亮的阳光下，不会因为过度照射而枯萎。山野中，红色是格外亮眼的，而加入山楂果，又可以诱发多一点在外野餐的欲望。

只有"在那一季里什么东西是好的"问题。如果我们抱着这种生物学的人生观念，循着季节去生活，那么除自大的呆子和无可救药的理想主义者之外，没有人会否认人生确实像一首诗那样。

我小时，夏天傍晚要入夜那会儿，爸妈结束一天的忙碌，就让我在家里看着熟睡的小弟，他俩就兴冲冲的拿着手电筒去沙滩上照螃蟹，不出两三个小时，我就能听见热切的开门声，紧接着是盆子里螃蟹的闹腾声。

有次，带回来一只很大的公螃蟹，他们又打赌第二天晚上是否有母螃蟹出没。就因为这个原因，第二晚他们又高兴地出去捕捉了。

人们活到中年，人生的目的往往就不是"是什么"，而是"应该是什么"，每个人都有自己的观念和评价。父母的中年生活，就是家庭和睦，儿女双全，生活又在他们的操持下蒸蒸日上，一种物质和精神都满足的快乐，还有一些情趣的享乐主义。

我爷爷年轻时是典型的奋进青年，太爷爷去世得早，他很小就走乡串巷编草席自力谋生，后来又自学考了机械工程师，去了青岛汽配厂，我出生那年，他开始了退休生活。

而后,一边给几个企业做顾问,一边带着我过他喜欢的生活,上山打鸟,下河捕鱼,过那些他年轻时没能过的生活。印象里,我们不是在玩,就是在去玩的路上。

人的一生,就像一首诗,有低沉和起伏的循环,也像一首歌,有缓急的韵律和拍子。

现在90岁了,我回家看他,他能静静坐在那里,边喝茶边聊鸟的事情,六年前我给他买了两只小鹦鹉,光两只鸟的趣事,一聊能说半小时。

如果对老年有一种真正的哲学,那么这个时期在我们看来,便是和平、稳定、闲逸和满足的时期。

莎士比亚在《皆大欢喜》中通过杰奎斯的口吻描写了人生的七个阶段,最初是婴儿在护士的怀中哭泣;而后是背着书包的孩童,仰着阳光下晶亮的小脸;接着是奋进的青年……最后以遗忘,结束这段奇特的历史——生之欢乐。

人生是一场舞台剧,我们每个人都有上场的时候,也会有退场的时候。每个部分都怡然自乐,都能真正投入身心去体验,就能如惠特曼说的那样:我这样做一个人,已够满意了。

不是每个人都能够体验出这种人生的韵律之美,如果你能像欣赏大交响曲那样欣赏人生的主旨,欣赏它的旋律以及最后的决定,你就是智者。

花的情书

如果有人跟你说，春天来了真好，那就是喜欢你了

花的情书

前几天，采购完一车花，我和搭档就在暖和的太阳下拍照，他说，感觉花店越来越好了。我们仰起脸晒着阳光，感受着放松和期待。冬天的寒冷已经过去了，晒着阳光，会感觉自己正在被一个更大的希望眷顾着。

同样的事情，冬天里做就是会很窘迫，然而放在温暖的春天里，会很诗意。

顾城说："草在结它的种子，风在摇它的叶子，我们站着，不说话，就十分美好。"站在哪里？是温暖的春天里。

因和我在春天里站着的是你，所以十分美好。

花的情书

  主花材：各色奥斯汀玫瑰
  配花材：各类叶材

  人总是有居安思危的意识，处于安乐中，又容易患得患失想到以后。既然这样，就帮你封存最好的记忆吧。

  我们用永生花材做了两款玻璃罩花，罩住美好，封印幸福。如果，你能在每年的春天里，都笑靥如花，那该多好。送给每一个对春天怀着美好愿景的人，爱春天的人多是爱人生的，愿你，春天多快活。

春天来了，
所有你喜欢或不喜欢的过往，
都过去了。
春天来了，你会成为新的你，
我会成为新的我。

花的情书

    日本文学大师夏目漱石曾当过一段时间的英文老师，有一天，他带着他的学生翻译"I Love You"这句话。

    有的学生翻译成"我爱你"，夏目漱石却摇头，学生不解问那应该怎么译？

    他沉吟片刻："应译做，今夜，月色真美啊！"

    月色真美恰如春天真好，人人都可以看到知道的事情，我偏偏还要说给你听。是想让你知道，此刻跟你共同感受这自然，让我无比快乐。

如果有人对你说,春天来了,真好,那就是喜欢你了。

漫长的冬天总算慢慢过去了,渐渐温暖的天气里,让人更加期待春天的到来。春天来了!每年的这个时候,总会萌发出一堆的希望,就像此时的山野,新的生命悄然生长。

春天会让人觉得,好的事情,总会在这个时候发生。

有种植物叫"山么楂",味道很美,它会在春风扫过的时候,就先于其他植物长起来。中学时,当山上枯草覆盖的土里,冒出一指头长的山么楂时,我和同学就会三五成群爬山去掐嫩尖,觉得那是自然在初春给我们最好的礼物。

采摘着新鲜的植物,一路打闹欢笑,春天里的人尤其爱笑,因为看到的一切都是充满生机的。人最初始的快乐,就是伴着自然环境的,春天给我们的意义是,重新开始。

"万恶的冬天终于过去了!"我的搭档,前天在温风和煦的日子里采购花材,发出了由衷的感叹。他说,再不用大冬天清晨四五点,冒着漆黑和寒冷出门采购花材了;再也不用在没有暖气的工作室里,熬夜做花到凌晨两三点了……

春天来了,所有你喜欢或不喜欢的过往,都过去了。春天来了,你会成为新的你,我会成为新的我。春天来了真好,我和你在一起,就在春天里快活。

在春天里快活,是不是你脑海里已经出现了那个人的模样,已经不自觉地上扬了嘴角?拥抱、鲜花和热吻,都属于阳光明媚的春天和你们。

做很多浪漫的花,选取几张给你看看,愿你在春天里笑靥如花。

花的情书

喜欢一个人的时候,看着他,眼里是会有光的

前天花友来信,要送一束花给相识多年的女友,他记得曾给她写过一首诗,"每当我看向人流,总是习惯性找寻你的眼睛……"其实,判断两个人够不够爱,看一眼就知道了。

这个世上最无法掩饰的就是爱一个人的眼神,望着喜欢的人眼睛里是会有光的。你还能从他的眼里看到浩瀚星辰,能看到那一股浓浓的化不开的深情。

怎么判断是不是真爱?偷偷看她一眼就行了。能互相久久望着,你们大抵已经相爱了。真正爱一个人不是演出来的,不爱的表演很容易被戳穿。是不是真爱,看看眼神就知道了。

还记得一个女孩的表白,她说:"一看见你,眼睛里就亮起了灯,嘴角也忍不住上扬,眼角眉梢都是你,四面八方都是你。"所以,不管怎样掩饰,喜欢一个人是藏不住的,就算嘴上不说,也会从眼睛里冒出来。

花的情书

眼里全是你

主花材：大卫奥斯汀花园玫瑰
配花材：蕾丝、阔叶舞竹

　　爱一个人时的眼神，最纯净。我们需要一朵花，当光撒上去的时候，它也能泛起晶莹的润泽，就像眼睛里的光。最后，我们选定了大卫奥斯汀花园玫瑰。

　　大卫奥斯汀玫瑰被誉为世界上最浪漫的玫瑰。奥斯汀玫瑰由英国人大卫·奥斯汀(David C.H Austin)所培育，他将英国人骨子里的浪漫气质发挥到了极致，让全世界都看到了英伦后花园所绽放出的古典优雅。

　　动人的蕾丝和绿色的阔叶舞竹搭进去，整体花束清澈干净，又散发出着迷人的气息。

　　这期，我们做了一束花，就起名"眼里全是你"，情到最深时，眼里全是你。主花来自英国进口的皇家花园，大型奥斯汀的乳白色玫瑰，玫瑰的香气很甜，浓烈又脱俗的味道，在空中扬飘四溢，抱着这束花，周身都沉浸在香气和幸福感中。

你需要多大的勇气,才能爱上一个人

一个男性朋友,恋爱了,跟在野定制了一款鲜花花环,36岁的他曾经纠葛了几段爱情,都无果而终。今天的他,又满血复活了,爱上了一个喜欢粉色花花的女孩。甚至为了她,他愿意抛却广州打下的基业,来到北京发展。我说,就是为你的勇气,也给上一万个祝福。

前几天看到一篇文章:每年在印度,有上千对情侣,因爱甚至可以去赴死。原来在当地观念中,爱上不同种姓、宗教的人,都是错误的,会使家族蒙羞。一旦发现子女有这样错误的感情倾向,父母长辈拥有处决他们生死的权利——这就是荣誉谋杀。

好在有一位叫桑吉大叔的,创立了一个组织来保护这些年轻的恋人们——Love Commandos(爱情突击队)。据悉,仅仅四年,他们拯救的情侣就有4万多对。

假如,你生活在印度,爱上了长辈们不认可的爱人,你会敢来一场"爱情大逃亡"吗?

之前读过一句话：人类存在唯一合理且让人满意的解释，就是爱。反观我们，是不是越来越不会爱了？

两人身处异地，谁都没有勇气去新的城市开始生活，感情放弃了；有了心结，没有勇气第一个直言打开心扉，情感淡漠了；年龄相差悬殊，没有勇气面对别人的指指点点，不敢开始……

世间不是没有真爱，只是缺乏追求真爱的心。都说真爱无价，没有经过因勇气而下的决心，你敢说真爱难求吗？

如果人生如泡沫般脆弱，两件事要如磐石般坚定：

以仁慈对待他人的境遇，以勇气面对自己的心。

真爱，真的存在吗？

佛说，只要你相信，有勇气追寻，它就存在。

给我的男性朋友做一款什么样的花环？一款粉色洋牡丹跳跃着的鲜花花环。

花材：花毛茛、蝴蝶兰、尤加利叶、泡泡果

男主给了很具体的规划，一是鲜花花环，二是粉色系。

关键就是花材的选择了，我们采用了粉色的花毛茛作为主花，层层叠叠的花瓣柔软又整齐地聚拢在一起，让人忍不住捧在手里，就像男主对女主的心情。尤加利叶开了果实，象征已成事实的爱情。浅绿、深绿以及渐变红的叶片，作为装饰，让整个花环更饱满大气。

把花环放在桌子上，点一块蜡烛，两个人可以快乐地吃着晚餐了。

花的情书

这一篇章给大家带来插花速成大法，用5个不同插花形态来展示，相信有了这5个小案例，掌握一点小技巧，纤手弄花影，插花小白也能玩转鲜花作品。

日常插花
实用案例

在野 Flower

● 案例一

360° 瓶插花

| 花材 |

从左至右依次是白色花毛茛、紫色穗花婆婆纳、粉色泡泡玫瑰、紫色花毛茛、海桐叶。

日常插花实用案例

❶ 将花材进行简单处理，修剪出大概长度，去掉多余的枝叶，玫瑰剔除花刺，剥掉花朵外层花瓣。

❷ 用海桐叶打底。量好高度，去除不理想的枝条及可能会浸泡在水中的叶子，依次插瓶。

❸ 细致修剪粉色泡泡玫瑰，逐枝斜剪。边修理边插瓶，使玫瑰整体高低错落分散有致在瓶中。

❹ 插入紫色花毛茛，注意深色花朵整体低于浅色花朵，起视觉平衡作用。

❺ 插入白色花毛茛，轻盈有序，点缀提亮整体花束。

❻ 插入穗花婆婆纳，使花束增加灵动的跳跃活泼感，让整体大花束看起来不呆板。

● 案例二
散射状插花

❶ 将100根钢草插入带花泥的瓶中，围成发散状圆形。一根接一根，一层铺一层，打造出一个立体空间。

❷ 将香雪兰插入钢草内层，调整花朵方向，使其朝向一致。个别花头，可以拨开钢草使其露出，增加透视感和跳跃感。

❸ 插入两枝开了花的绣线菊，增加一下作品的动感并提亮。

● 案例三

半螺旋插花

| 花材 |

从左到右依次是紫色花毛茛、红色蔷薇、红色冬青果。

❶ 花材进行简单处理，去蔷薇枝条上的刺和过长花枝，并摆放好。

❷ 冬青果仔细处理，分别剪掉侧枝，留下主枝。

❸ 顺意摆出螺旋上升造型，注意在剪枝冬青果时，根据形状，个别侧枝可留。

❹ 将蔷薇花进行细致剪枝去叶处理，按照高度，依附于冬青果插入瓶中。

❺ 补充紫色花毛茛填补枝条间空隙，并使瓶花整体色调不单调。

● 案例三
花盒插花

海桐叶、花毛茛、穗花婆婆纳、蝴蝶兰、油菜花，让花盒散发出一阵阵田野的气息。

● 案例五

日常瓶插

| 花材 |

从左到右依次是尤加利叶、多洛塔玫瑰、玫红大丽花、荚蒾果。

❶ 修剪花材,将花材多余的枝叶逐一修剪。一般情况下,花朵的叶子和刺要全部去除。

❷ 根据花瓶高度修剪花材,做到比例的协调,并将花和叶子按照高低错落的层次插入花瓶中。

❸ 花头正向视线,会与人产生亲近感,就像喜欢一个人,也总会忍不住拿眼睛追着她。事物总有呼应,多洛塔玫瑰摆放在不同方位,就是在整体花束中制造遥相呼应的美感。

❹ 小朵花高出一些位置，会增加花束的小调皮动态美。为避免暗淡，加入同一色系的紫色睡莲，一下子就提亮了整体花束的鲜亮度。

❺ 转动花瓶，做到360度调整。这个时候，可以根据视觉舒适度，来调整花朵的高低，如果有多余空隙，可以填补圆满。

花的情书

呈现一家花艺设计工作室的心路历程,道出一些你可以避开的曲折及获得一些巧妙的小秘诀,轻松阅读,趣味横生。

如何开一家『网红』花店

壹

缘起：为什么要开一家花艺设计店？

这几年见过很多姑娘，从风光的传媒、广告、公关的行业转战花艺界，究其原因，大概是每个人心里，都有一片田野吧！百花盛开，无拘无束，晒着阳光奔跑，微笑。

我决定要做一家花艺设计店时，已经从大学毕业近10年了，毕业在媒体从业多年，继而转战公关行业。其实，相比很多行业，媒体与公关相对随性，然而我却始终觉得没有达到最惬意的状态。

我爷爷擅长打猎，从小跟着他一起生活，我的童年基本不是在山野里，就是在通往山野的路上。除上过一个月的幼儿园外，一晃到了10岁才去上学，所以我的童年也显得格外长。想着以前的时光，好多画面都是一个女孩在山野上跑，抱着一束束色彩斑斓的野花，大笑。

或许是那时候起，那种简单的高兴，就伴着一束花刻在了基因里。尤其对野花偏爱的审美，一直延续到我如今的生活。我始终相信，花植有生命，经过了时节和风雨日历，独有不可解的韵味。它们，能让整片山野亮起来，能让生命跟着充满灵性。

直到在一份工作中，遇到他——花嵘先生，一个和我一样，对花草津津有味的人。是的，想了很久，用了"津津有味"，这个词，因为觉得再贴切不过。我们对一朵花的理解，对摆弄花草的渴望，对塑造空间的设计愿望，不约而同。

就这样，我们一拍即合，决定共同创办"在野 Flower"。

起初的想法很简单，纵使不能日日沐浴于田野上，也能够通过一束束花草，让身处职场的人们感受到自然的气息，得到植物力量的补给。

贰

初现：一家花店以什么样的形式出现更好？

终极目标总是很好确定，幻想中的场景美好而光明，看似一条大路就在眼前，但是在实现的过程中，又发现一个接一个的坑，迈过去一个还会有下一个。尤其在赔钱的时候，总会想到关于摄影界的一句话，一入单反深似海，从此富美是路人，这同样适于对花艺有着执拗的初级设计者。

开一家花艺设计店，以什么样的形式出现更适合我们？这是摆在我们面前的第一道题，对花有再多的热爱和梦想，落到眼下的事情还是要考虑经济条件和经营模式。

开花店是很多女孩小时候的梦想，一想到花店，总会想到很美的环境，窗净光明，有着千姿百态的各式鲜花，你在这个店里小资般的摆弄花草，美美的。

实际情况呢？不能说这种场景没有，只是很少。我们走访了北京、上海、广州等一线城市的很多线下店，70%以上的花店都是很小的门面，花店中的花材有限，基本以普通的玫瑰、百合为主。建设高端门店的花艺设计品牌也不是没有，但是很少，大型的如"野兽派"，会有大部分进口花材，基本开在市区高端商场的很好位置上，客单价较高。

对我们来说，如果开线下门店，选择哪一种？首先，我们就排除了第一种，普通的门店，只经营最常见的玫瑰百合，这显然不符合我们的期望，花艺对我们来说，从一束花开始，就要颜色、花材质感搭配出设计感，从审美上要高于普通门店。

那么，为什么不在普通门店里多放些高端花材呢，肯尼亚的、荷兰的、日本的，把那么多漂亮的进口花材都批发来卖呢？原因是，卖不出去。进口花材的成本价普遍偏高，举例来说，比如你去批发一大捧满怀的百合，是40~50元，批发一支日本大芍药，也是这个价格。对消费者来说，他们只能感觉得到，噢，这束花更好看呢，但是成本相差之大是他们想象不到的，一束高端的花，成本本身就很贵，这是普通门店附近的消费者不能接受的。此外，花在商品中属于易耗品、易损品，一般花期只有一到两星期，如果卖不出去，只能随其衰败腐烂而扔掉，也就是每次清理花材时，都要扔钱。

选择第二种对我们来说可行吗？高端门店，入驻商场或者市中心楼面房，首先面临的就是高额的店面费，一线城市以每年几十万到上百万不等，在没有摸熟这个市场之前，如果没有强大的经济实力，最好是不要轻易尝试。很多人首次开店，除了店租外，总是想着花费很多钱一次性将店面装修的很精美，这又是一笔费用，还要再招聘3~4个员工，每月支出人工费，再加上花材的成本和损耗，据我们所了解的情况，很多人是兴冲冲投入几十万，支撑半年多也就关门了。以一束花赚150元算，以大头支出每个店面月租5万加上4人工资月2万算，7万元，要卖约500束花持平成本，这就要平均一天16单。而我们大多观察的门店，即使偶尔涌入三五个逛街的人群，一天下来成交量也是很低的。

经过分析，初级阶段入行开一家花店对我们来说不是一个好选择。

我们成立之时是2016年春天，时至以"花点时间、花+"等一批鲜花电商兴起之时，互联网+鲜花模式，在消费升级大背景下，"每周一花"的概念在市场上炒作起来，很多办公楼里的女孩们在促销刺激下，开始订购月花，比如月每99元、199元等等进行购买，每到周一上午，快递小哥们就会送上这周的鲜花。

这就是风起一时的鲜花电商模式，在传统鲜花交易市场中，消费端需求处于极不稳定的状态，农户、拍市、企业等难以提前预估批发鲜花的需求，导致供应端与消费端难以在产销、种植规划方面配合。受因于传统鲜花市场供需难以平衡的短板，鲜花电商采用的订阅模式就成为稳定消费端需求的重要举措。

鲜花电商在前期需要投入大量的精力与资金管理供应链，流量主要依靠购买及自然增长。电商费钱是共知的认识，所以很多鲜花电商都融资千万级别，烧钱购买流量、打造供应链。这种大手笔的操作，显然更不适合我们这类以满足个性化需求的设计工作室。

　　不过，需要感谢的是，鲜花电商打开了消费者对生活鲜花的认知，用一杯咖啡价格购买一周鲜花的理念"走红"后，整个社会在鲜花消费意识和审美意识上提高了一个台阶。另外，鲜花电商开始采用各类兰花、各类菊花、各类绣球等等花材品种，在初级阶段丰富了消费市场，给消费者们初级感觉良好，因为花材稍微"特别"，就会显得高级一点，很大一部分女性消费者开始关注鲜花，了解鲜花品种，慢慢认识很多品种的鲜花，这个时候大家的审美素养也慢慢提高。

　　虽然大型鲜花电商模式不适合我们，但是仍然有一些可借鉴之处。比如，每一家鲜花电商都有自己的微信服务号，大部分消费者订购鲜花也是从上面订购。相比其他渠道，微信也正是当时传播率较高的一种方式，看朋友圈成了每个人日常行为。

　　因而，我们注册了"在野Flower"微信公众号。区别于其他花商微信号，我们的微信号定位为"深夜花店"，将我们平时遇到的购花者的故事和作品在文章中分享给大家看。一是在文章的不断转发中，无形的传播"在野Flower"品牌，让更多的人知道我们是做什么的；二是通过这种形式告诉消费者，我们更多的精力在于个性化定制，根据购花者与收花者之间的情感故事特别定制属于他们的花。

　　就这样，在没有费用推广的情况下，通过文章吸引，在一个月时间里，我们收获了两千粉丝，在后台分析粉丝画像发现，我们的粉丝基本处于一线城市，80%以上的用户为苹果手机，在后期这一批粉丝也很少取消关注，可以说是很有忠诚度和粘性的粉丝群体了。

那么多粉丝关注了你，想买你的花，怎么买呢？

作品仅仅呈现在微信上也不是一个办法，我们最终选定了"有赞"商城，在有赞上我们规划并做了完整的一级页面、二级页面以此类推，分类并且上传部分作品，每个作品有一个完整的详情页，最重要的是可以实现购买。在订单上，我们可以看到购花需求人列出的条件，有希望与自己的故事相关，有提出喜欢的颜色等等个性化需求，我们通过电话或者加微信等形式沟通并确定好花束作品的信息，并最终完成订单。

叁

模式：采购／物流／配送 如何实现

就这样，我们初步将经营模式定为"个性化定制鲜花电商"，虽然称为电商，其实不过是通过商城卖货，与传统的大型电商在经营模式上有很大差别。我们举例京东自营来说，他们是一面对接商品供应商，一面售卖给用户，赚取其中的差价，所以其盈利模式属于传统的售卖模式，利润来源于售价减去成本，中间没有代理商。

有的大型的鲜花电商在做属于自己的一条龙供应链，采购是产地直采模式，与花农签订合约，根据订单采取鲜花，这一般适用于国内的花材产品，进口的花材也需要从经销商处批发引进。在打通物流运输上，有的鲜花电商在部分城市开设了短物流配送以及自提点，而主要运输方式，也采用了专线冷链物流来替代空运，避免了常温环境与分拣过程中的损耗。

对于一个仅仅是通过花材为载体卖设计的花店来说，不适合也没有经济实力与精力去打通供应链环节。所以对我们来说，刚开始操作，采购端直接对接的是批发商，包括国内与进口花材，在物流方面，采用第三方物流，即顺丰为主。

那么，如何节省采购成本？

因为我们做的是个性化定制产品，因而随意买花的客户较少，90%以上的客户是提前预约式，即最少提前一天告知我们需求，以便于我们设计制作。这在采购上，形成了相比传统门店的优势，就是不会积压花材。

传统门店会提前批发花材进店摆放，然后等待客户进来挑选购买，一是如果这个批次的花在一周内没有用完，那么就只能扔掉；二是花在店里摆放超过两三天，没有专业的冷链处理，也不新鲜。

我们在采购上，经过反复甄选，选中了国产花材供应商3家，进口花材供应商3家，基本囊括了所有花材的品种类型。每天我们会统计订单，根据订单列好采购清单，按需取货，保证了不积压花材，相当于节省了部分损耗成本。

然而在物流的具体操作上，我们走过了大概两个多月的弯路。

平时买过花，特别是在电商渠道购买的人容易清楚，一束花在纸盒中包装，经过物流运输，特别是过夜后，会有耗损和衰败迹象。

一开始，我们在夏天采用冰袋运输，即在花盒中绑入冰袋给花朵降温，另一个是在花束的根部包扎湿海绵保持花茎不缺水。然而经过快递人员在装卸花盒中的不会很温柔的动作下，娇弱的花瓣很容易受损。客户在打开时往往第一印象又很重要，在初期我们经常收到客户的反映，花不新鲜或者损坏。

因为是个性化定制，与一束几十元不同，我们的定价基本为398元、698元以及千元不等，正常操作下，利润空间要大于普通的花店，而我和搭档又是两个做事有强迫症的人，是不能允许客户体验差的。于是，我们采用了"闪送"，闪送的操作特点是，快递员上门取货直送，时间就是路程的时间，在北京市通常是半小时至一个半小时之内。

这样，既减少了鲜花在路途上的折腾，又能以很快的速度送到客户手中，客户的满意度是很高的。闪送的价格平均比快递每单要贵10元左右，对看重作品大于利润的我们来说，这个价钱是可以接受的。

肆

理念：创造好作品更重要还是赚钱重要？

自从迈入花艺这个行业，经常有朋友问，你那个花店赚钱吗？这真是个令人难以回答的问题，说赚钱吧，偶尔一单还赔钱，说不赚钱吧，客单价不算低、单子也挺多，说不通。

前期设计作品时，我和搭档经常不约而同进入同一种思路，能赚可不赚的时候基本都选择了不赚。举例来说，一个598元的订单，我们会构思商量选用哪些品种的花，哪种色系为主，进口和国产比例多少等等问题。比如在成本300元可以搞定的情况下，我们总觉得花束还可以更美一些，就换了更贵的花材，最终的结果就是自己对作品很满意，客户收到后也非常高兴，但是算一下，没有赚到多少钱。

这也是花艺爱好者创造作品的通病，有着产品经理般的吹毛求疵，再加上我和搭档以前都是公关行业出身，对细节总是有强迫症，不由自主的产品经理思维占了更大考量，在赚钱方面反而没有想太多。

塞翁失马焉知非福，也正是因为对花艺作品的严苛态度，我们慢慢积累起客户对我们的信赖，二次购买、多次购买的老客户越来越多，老客户们也开始愿意敞开诉说送花的情境，也便于我们更好地为他们服务。

虽然在野以"个性化定制产品"为主，但是在重大的节假日期间。需求集中，我们会推出一系列统一产品，大规模复制制作。记得2017年的三八节，是在情人节刚刚过后不久的一个节日，当时我们想情人节已经释放了一波需求，三八节就没太重视，自发意识里认为三八节不会有情人节那么火热。

事实证明，我们错了。3月5日，我们在工作室设计一系列产品，不太经意地做了一款三八节特制款花盒，蓝紫色加一点淡粉色的花盒，在还没有发微信公众号时，我顺手发了一个朋友圈，售价698元/盒。可能是配色比较特别，也可能是平时大家很少

在野创办人花嵘 工作场景

见到花盒里的花材，也有朋友支持的情意，一回朋友圈里看见不少朋友自发转发花盒图片，一下午，加我微信咨询购买花盒的人近百人。

这一下调动了我和搭档花嵘的兴奋神经，马上将作品上线微信号和商城，引导三八购买。3月7号上午我们已经不再接单，因为预计量太大做不过来了。那两三天我们几乎没有睡觉的连着通宵做花盒，保证三八节凡是购买了的客户都及时收到花盒。然而，过完三八节，我们的拇指和食指好几天都处于麻麻的状态，这就是长时间不断捏着花茎往花泥插的结果，做花有时也是体力活啊。

这里给我们的经验是，因为产品标准化，更能节省制作时间和成本，创作一款花盒可能需要一个小时，但是复制或许十分钟就够了，在接到大批量标准化产品需求时，时间成本就显得弥足珍贵了。

伍

实操：做什么样的产品？

随着转行做花的人越来越多,市场上培训业越来越火,五花八门的花艺培训,国内的、国外的、日式的、欧美的,很多转行做花艺的人通常会报班,怎么选择适合自己的课程因人而异。

花艺是一门学问,不是随便拿着花摆弄摆弄就成。既然是一门学问就有章可循,比如你要学日式插花,就要了解几大流派,根据特点选择喜欢的或者是适合自己的流派,然后针对性地选择老师进行系统学习和实践。

当然,大多数普通花店也用不上这么多知识,简单的处理花材、螺旋式扎花、包装纸装饰等基础性技巧能够运用,基本就可以做花了。剩下的诸如颜色搭配、花材质地搭配等等不仅是学习,我觉得更多依靠的是个人的天赋和审美力。

当把一束花作为一个作品去完成后,它又有了别番的意义。

由客户端推动的需求倒推我们做起的私人订制,每一束花都有属于它自己的名字和故事,也属于送花人和收花人传递感情的载体。

客户们开始非常详细地向我们表达需求,比如有的小伙子告诉我们他喜欢上了一个带着孩子的女生,希望可以做束花,能够争取这个比他年龄大的女孩接受自己;还有一个男孩一直追求的女孩是狮子座,他就罗列了很多狮子座的喜好给我们,要做一束送给狮子座女生的花,还有很多非常个性的需求,我们在做花的过程中,会现根据客户的要求去设计构思,然后采购花材进行制作。

在前面的文章中,几乎都是我们根据客户提供的需求而定制的花,我们节选了一些做完案例分享,希望大家也能够从中得到启发。

就这样,我们花店慢慢做定制的客人越来越多,有很多次与客户之间的谈话也深深感动到我,记得有一个客户追了女朋友很久，次次失意，他就很诚恳地微信语音告诉我很多关于他和她之间的故事，说着说着感觉都快哭了，就想最后一次送一束花，并且告诉我们，成不成他都不遗憾了。

　　我的第一感觉是很感动，竟然有人对陌生人说了这么多的私密的话，可以这么信任一个人，第二感觉就是，一定要做好这束花，做的过程中好几次都在想，如果是她看到了这束花的用心而接受了男孩该多好啊。

　　事实是，最后她依然没有接受他，男孩后来也告诉了我们结果，但是他说他依然很感谢我们做的花，女孩说花很漂亮。

　　对我们来说，尽力表达出一束花最美的感觉，也就没有遗憾了。

陆

甄选：做作品时如何挑选花材？

在没有做花之前，对花是有着不同的喜好的，比如我喜欢细碎的山野之花，多数属于野性而生命力很强的草花，我的搭档喜欢进口的花材，喜欢花型优雅、大气的，就这样，在初期的作品中，我们总是喜欢拿自己喜欢的花材来做，对不喜欢的花材怎么也爱不起来。

然而花店做久了，与其说是做花，不如说是与每一个生命打交道。当我们开始有更多的时间端详每一个颜色的花材，静静凝视一朵花，有意义的思索就会发生。对生命的凝视，花开花落，畅通领悟生命的必定，人一旦在开畅的心态中，就会对生命给予宽容，花开保重花谢道别，爱惜每一个生命。

曾经爱不起来的红玫瑰，也可以成为巧妙搭配中最亮眼的角，让我们爱不释手，觉得俗气的白百合可以在一片通绿的光景下，独一朵，气质优雅地脱颖而出。可见，没有不美丽的花，只有不会搭配的花艺师。

爱花花草草的人，大多是慈悲的。花草皆生命，本没有高尚卑微之分，学会尊重每一种不起眼的花材，即使是再平凡也能组合出有魅力的作品。

还记得一年夏天，采购回来一车花，因为是切花，心里很着急它们会失水，至今想起来都能感受到那份焦灼。我和搭档从楼下抱着花上楼，宁可自己被晒，也不让怀抱中花被阳光打了，回到工作室忙不迭的开空调降温，将它们一一安放于花桶中，全部收拾利索了，才会满足地叹口气。

柒

转型：业务拓展

在零售做了两年多时间里，最有益的收获是对花材的认知、基本的制作和对市场了解。一次偶然的机会，2017年爱奇艺举办"520线下活动"，找到我们来布置场地，那是一次空间设计的尝试，也让我们思维放开了，原来我们可以以花为载体做更多的事情，打开了我们做花店的更多业务可能。

2017年我们先后学习了空间设计，比如学习比利时花艺设计大师 Tomas De Bruyne 的欧洲花艺大师原版课程，针对现代花艺设计艺术创作方向进行系列研修。我们不断训练自己，也是为获得更多的创作机会，使未来的设计更加多样化，创作出极具辨识度的风格作品。

因而，在"在野Flower"的基础上，我们更名为"在野花植空间设计"，这也是在传达一种理念：将空间视为一个整体有机地进行处理，纵观空间结构与规模，用花艺凸显其优点补充其不足，辅以其他装饰材料，打造出独一无二的空间场景。

也就是通过设计，将静态的花植升华至独特的空间装饰艺术，让观赏者感受到，花植在特殊场所释放的独特魅力。让在野手下的花朵，作为艺术的媒介，让客户在花中流连忘返，开启美妙的旅程。

我们服务的类型：

婚礼与庆典："婚礼是一场独特、关乎个人的亲密时光，婚礼的模样就是你对未来的畅想，在野为你创造出最独特的体验。"

一场婚礼，新娘是婚礼的主角，我们更注重用花艺空间设计将新娘的梦想呈现出来，所有的风格更注重营造属于新娘的风格，如梦如幻、优雅圣洁、时尚简约、神秘深邃、热烈奔放、性感华丽、超凡脱俗……

桌面艺术："餐桌中央的摆设是一件艺术品，你要对着它几个小时，和朋友在亲密的氛围中交流。"

桌面花艺，有独立于环境而存在诗般的美感，用道具引入新的形状和色感，或清新时尚，或细腻浪漫，或端庄静雅，与宴会主题相搭，形成让人难以忘怀的视觉效果。

酒店大堂："酒店大堂是人们感知酒店气质的第一眼，是给客人留下惊艳的第一印象的地方，也是酒店的灵魂所在。"

通过花艺摆设创造触动客人内心的环境，不与酒店争奇斗艳，而是融入新的能量，谱写和谐的乐章，使客人通过酒店大堂时，感受到或雄浑有力，或高贵典雅，或奢华炫目、或如诗如画的酒店魅力。

派对晚宴："派对通常更有私密性，在有限的空间中，让参与派对的人全身心投入到活动中。"

用花植营造基调，打造一场盛会，可狂欢激情，可克制素雅，让空间有生命的美感，让参加的人有归属感。